MÉMOIRES
D'UN MÉDECIN

PAR ALEXANDRE DUMAS.

JOSEPH BALSAMO.

Deuxième Partie.

ANDRÉE DE TAVERNEY.

10

PARIS,
ALEXANDRE CADOT, ÉDITEUR.
52, rue de la Harpe.

1847

MÉMOIRES

D'UN MÉDECIN.

Ouvrages de Emmanuel Gonzalès.

EN VENTE.

Le livre d'amour..................... 2 vol. in-8
Les frères de la côte................ 2 vol. in-8
Souffre-douleur..................... 1 vol. in-8
Mémoires d'un ange................. 4 vol. in-8
Les francs-juges................... 2 vol. in-8
Les sept baisers de Buckingham... 2 vol. in-8

SOUS PRESSE.

Le vengeur du mari.
Le mancenillier.
Le batteur d'or (*Épisode du tribunal secret*).
Salvator Rosa.
Le lépreux du roi.
Bianca Capello.
Flora la chanteuse.

Corbeil, imprimerie de Crété.

MÉMOIRES
D'UN MÉDECIN

PAR ALEXANDRE DUMAS.

JOSEPH BALSAMO.

Deuxième Partie.

ANDRÉE DE TAVERNEY.

10

PARIS,
ALEXANDRE CADOT, ÉDITEUR,
32, rue de la Harpe.

1847
1848

I

L'Apologue.

Dans ce petit cabinet de Luciennes, où nous avons vu le comte Jean Dubarry absorber, au grand déplaisir de la comtesse, une si grande quantité de chocolat, M. le maréchal de Richelieu faisait collation avec madame Dubarry, laquelle, tout en tirant les oreilles de Zamore, s'étendait de plus en plus longuement et nonchalamment sur un sofa de satin broché à fleurs, tandis que le vieux courtisan poussait des hélas! d'admiration à chaque pose nouvelle de la séduisante créature

— Oh! comtesse, disait-il en minaudant comme une vieille femme, vous allez vous décoiffer; comtesse, voilà un accroche-cœur qui se déroule. Ah! votre mule tombe, comtesse.

— Bah! mon cher duc, ne faites pas attention, dit-elle, en arrachant avec distraction une pincée de cheveux à Zamore et en se couchant tout-à-fait, plus voluptueuse et plus belle sur son sopha que Vénus sur sa conque marine.

Zamore, peu sensible à toutes ces poses, rugit de colère. La comtesse le calma en prenant sur la table une poignée de dragées, qu'elle introduisit dans ses poches.

Mais Zamore, en faisant la moue, retourna sa poche et vida ses dragées sur le parquet.

— Ah! petit drôle! continua la comtesse en allongeant une jambe fine, dont l'extrémité alla se mettre en contact avec les chausses fantastiques du négrillon.

— Oh! grâce! s'écria le vieux maréchal, foi de gentilhomme! vous le tuerez.

— Que ne puis-je tuer aujourd'hui tout ce qui me déplaît, dit la comtesse; je me sens impitoyable.

— Ah çà! mais, dit le duc, je vous déplais donc, moi?

— Oh! non, pas vous, au contraire; vous êtes mon vieil ami, et je vous adore;

mais c'est qu'en vérité, voyez-vous, je suis folle.

— C'est donc une maladie que vous ont donnée ceux que vous rendez fou?

— Prenez garde! vous m'agacez horriblement avec vos galanteries, dont vous ne pensez pas un mot.

— Comtesse, comtesse! je commence à croire, non pas que vous êtes folle, mais ingrate.

— Non, je ne suis ni folle ni ingrate, je suis...

— Eh bien! voyons, qu'êtes-vous?

— Je suis colère, monsieur le duc.

— Ah! vraiment?

— Cela vous étonne?

— Pas le moindrement, comtesse; et, sur mon honneur, il y a bien de quoi.

— Tenez, voilà ce qui me révolte en vous, maréchal.

— Il y a quelque chose qui vous révolte en moi, comtesse?

— Oui.

— Et quelle est cette chose, s'il vous plaît? Je suis bien vieux pour me corriger, et cependant il n'y a pas d'efforts que je ne fasse pour vous plaire.

— Cette chose, c'est que vous ne savez pas seulement ce dont il s'agit, maréchal.

— Oh! que si fait.

— Vous savez ce qui me crispe?

— Sans doute : Zamore a cassé la fontaine chinoise.

Un sourire imperceptible effleura les lèvres de la jeune femme ; mais Zamore, qui se sentait coupable, baissa la tête avec humilité, comme si le ciel eût été gros d'un nuage de soufflets et de chiquenaudes.

— Oui, dit la comtesse avec un soupir, oui, duc, vous avez raison ; c'est cela, et vous êtes en vérité un très fin politique.

— On me l'a toujours dit, madame,

répondit M. de Richelieu d'un air tout confit de modestie.

— Oh! je n'ai pas besoin qu'on me le dise pour le voir, duc; et vous avez trouvé la raison à mon ennui, comme cela, tout de suite, sans chercher ni à droite ni à gauche : c'est superbe!

— Parfaitement; mais cependant ce n'est pas tout.

— Ah! vraiment.

— Non. Je devine encore autre chose.

— Vraiment ?

— Oui.

— Et que devinez-vous ?

— Je devine que vous attendiez hier soir Sa Majesté.

— Où cela ?

— Ici.

— Eh bien ! après ?

— Et que Sa Majesté n'est pas venue.

La comtesse rougit et se releva un peu sur le coude.

— Ah ! ah ! fit-elle.

— Et cependant, dit le duc, j'arrive de Paris.

— Qu'est-ce que cela prouve ?

— Que je pourrais ne rien savoir de ce qui s'est passé à Versailles, pardieu ! et cependant...

— Duc, mon cher duc, vous êtes plein de réticences, aujourd'hui. Que diable! Quand on a commencé, on achève; ou bien l'on ne commence pas.

— Vous en parlez fort à votre aise, comtesse. Laissez-moi reprendre haleine, au moins. Où en étais-je?

— Vous en étiez à... cependant.

— Ah! oui, c'est vrai, et cependant, non-seulement je sais que Sa Majesté n'est pas venue, mais encore je devine pourquoi elle n'est pas venue.

— Duc, j'ai toujours pensé à part moi que vous étiez sorcier; seulement il me manquait une preuve.

— Eh bien ! cette preuve, je vais vous la donner.

La comtesse, qui attachait à la conversation beaucoup plus d'intérêt qu'elle ne voulait paraître en attacher, abandonna la tête de Zamore dont ses doigts blancs et fins fourrageaient la chevelure.

— Donnez, duc, donnez, dit-elle.

— Devant M. le gouverneur? dit le duc.

— Disparaissez, Zamore, fit la comtesse au négrillon, qui, fou de joie, s'élança d'un seul bond du boudoir à l'antichambre.

— A la bonne heure, murmura Richelieu ; mais il faut donc tout vous dire, comtesse.

— Comment, ce singe de Zamore vous gênait, duc ?

— Pour dire la vérité, comtesse, quelqu'un me gêne toujours.

— Oui, quelqu'un, je comprends ; mais Zamore est-il quelqu'un ?

— Zamore n'est pas aveugle, Zamore n'est pas sourd, Zamore n'est pas muet; c'est donc quelqu'un. Or, je décore de ce nom quiconque est mon égal en yeux, en oreilles et en langue, c'est-à-dire quiconque peut voir ce que je fais, entendre ou répéter ce que je dis, enfin quiconque peut me trahir. Cette théorie posée, je continue.

— Oui, continuez, duc, vous me ferez plaisir.

—Plaisir, je ne crois pas, comtesse; n'importe, je dois continuer. Le roi visitait donc hier Trianon.

— Le petit ou le grand ?

— Le petit. Madame la dauphine était à son bras.

— Ah !

— Et, Madame la dauphine qui est charmante, comme vous savez...

— Hélas !

— Lui faisait tant de cajoleries, de petit papa par ci, grand papa par là, que Sa Majesté, dont le cœur est d'or, ni put résister, de sorte que le souper à suivi la promenade, que les jeux innocents ont suivi le souper. Enfin...

— Enfin, dit madame Dubarry pâle d'impatience, enfin le roi n'est pas venu à Luciennes, n'est-ce pas, voilà ce que vous voulez dire ?

— Eh bien ! mon Dieu, oui.

— C'est tout simple, Sa Majesté avait là-bas tout ce qu'elle aime.

— Ah ! non point, et vous êtes loin de penser un seul mot de ce que vous dites ; tout ce qui lui plaît, tout au plus.

— C'est bien pis, duc, prenez garde ; souper, causer, jouer ; c'est tout ce qu'il lui faut. Et avec qui a-t-il joué ?

— Avec M. de Choiseul.

La comtesse fit un mouvement d'irritation.

— Voulez-vous que nous n'en parlions pas, comtesse ? reprit Richelieu.

— Au contraire, monsieur, parlons-en.

— Vous êtes aussi courageuse que spirituelle, madame ; attaquons donc le taureau par les cornes, comme disent les Espagnols.

— Voilà un proverbe que madame de Choiseul ne vous pardonnerait pas, duc.

— Il ne lui est pas applicable cependant. Je disais donc, madame, que M. de Choiseul, puisqu'il faut l'appeler par son nom, tint les cartes, et avec tant de bonheur, tant d'adresse...

— Qu'il gagna.

— Non pas, qu'il perdit, et que Sa Majesté gagna mille louis au piquet, jeu où Sa Majesté a beaucoup d'amour-propre, attendu qu'elle le joue fort mal.

— Oh! le Choiseul, le Choiseul, murmura madame Dubarry. Et madame de Grammont, elle en était, n'est-ce pas?

— C'est à dire, comtesse, qu'elle était sur son départ.

— La duchesse?

— Oui, elle fait une sottise, je crois.

— Laquelle?

— Voyant qu'on ne la persécute pas,

elle boude; voyant qu'on ne l'exile pas, elle s'exile elle-même.

— Où cela ?

— En province.

— Elle va intriguer.

— Parbleu ! Que voulez-vous qu'elle fasse ? Donc, étant sur son départ, elle a tout naturellement voulu saluer la Dauphine, qui naturellement l'aime beaucoup. Voilà pourquoi elle était à Trianon.

— Au grand ?

— Sans doute, le petit n'est pas encore meublé.

— Ah! madame la Dauphine, en s'entourant de tous ces Choiseul, montre bien quel parti elle veut embrasser.

— Non, comtesse, n'exagérons pas; car enfin, demain la duchesse sera partie.

— Et le roi s'est amusé là où je n'étais pas! s'écria la comtesse avec une indignation qui n'était pas exempte d'une certaine terreur.

— Mon Dieu! oui; c'est incroyable,

mais cependant cela est ainsi, comtesse. Voyons, qu'en concluez-vous?

— Que vous êtes bien informé, duc.

— Et voilà tout?

— Non pas.

— Achevez donc.

— J'en conclus encore que, de gré ou de force, il faut tirer le roi des griffes de ces Choiseul, ou nous sommes perdus.

— Hélas!

— Pardon, reprit la comtesse ; Je dis nous, mais tranquillisez-vous, duc, cela ne s'applique qu'à la famille.

— Et aux amis, comtesse ; permettez-moi donc à ce titre d'en prendre ma part. Ainsi donc...

— Ainsi donc, vous êtes de mes amis ?

— Je croyais vous l'avoir dit, madame.

— Ce n'est point assez.

— Je croyais vous l'avoir prouvé.

— C'est mieux, et vous m'aiderez ?

— De tout mon pouvoir, comtesse ; mais...

— Mais, quoi ?

— L'œuvre est difficile, je ne vous le cache point.

— Sont-ils donc indéracinables, ces Choiseul ?

— Ils sont vigoureusement plantés, du moins.

— Vous croyez, vous ?

— Je le crois.

— Ainsi, quoi qu'en dise le bonhomme La Fontaine, il n'y a contre ce chêne ni vent ni orage.

— C'est un grand génie que ce ministre.

— Bon! voilà que vous parlez comme les encyclopédistes, vous!

— Ne suis-je pas de l'Académie?

— Oh! vous en êtes si peu, duc.

— C'est vrai, et vous avez raison; c'est mon secrétaire qui en est, et non pas moi. Mais je n'en persiste pas moins dans mon opinion.

— Que M. de Choiseul est un génie ?

— Eh! oui.

— Mais en quoi éclate-t-il donc, ce grand génie, voyons ?

— En ceci, madame : qu'il a fait une telle affaire des parlements et des Anglais que le roi ne peut plus se passer de lui.

— Les parlements, mais il les excite contre Sa Majesté !

— Sans doute, et voilà l'habileté.

— Les Anglais, il les pousse à la guerre!

— Justement, la paix le perdrait.

— Ce n'est pas du génie, cela, duc.

— Qu'est-ce donc, comtesse?

— C'est de la haute trahison.

— Quand la haute trahison réussit, comtesse, c'est du génie, ce me semble, et du meilleur.

— Mais à ce compte, duc, je connais

quelqu'un qui est aussi habile que M. de Choiseul.

— Bah!

— A l'endroit des parlements du moins.

— C'est la principale affaire.

— Car ce quelqu'un est cause de la révolte des parlements.

— Vous m'intriguez, comtesse.

— Vous ne le connaissez pas, duc?

— Non, ma foi.

— Il est pourtant de votre famille.

— J'aurais un homme de génie dans ma famille? Voudriez-vous parler du cardinal duc, mon oncle, madame?

— Non; je veux parler du duc d'Aiguillon, votre neveu.

— Ah! monsieur d'Aiguillon, c'est vrai, lui qui a donné le branle à l'affaire La Chalotais. Ma foi, c'est un joli garçon; oui, oui, en vérité. Il a fait là une rude besogne. Tenez, comtesse, voilà, sur mon honneur, un homme qu'une femme d'esprit devrait s'attacher.

— Comprenez-vous, duc fit la comtesse, que je ne connaisse pas votre neveu ?

— En vérité, madame, vous ne le connaissez pas ?

— Non, jamais je ne l'ai vu.

— Pauvre garçon ! en effet, depuis votre avènement, il a toujours vécu au fond de la Bretagne. Gare à lui, quand il vous verra, il n'est plus habitué au soleil.

— Comment fait-il, au milieu de toutes ces robes noires ? un homme d'esprit et de race comme lui !

— Il les révolutionne, ne pouvant faire mieux. Vous comprenez, comtesse, chacun prend son plaisir où il le trouve, et il n'y a pas grand plaisir en Bretagne. Ah ! voilà un homme actif ; peste ! quel serviteur le roi aurait là, s'il voulait. Ce n'est pas avec lui que les parlements garderaient leur insolence. — Ah ! il est vraiment Richelieu, comtesse : aussi, permettez….

— Quoi ?

— Que je vous le présente à son premier débotté.

— Doit-il donc venir de sitôt à Paris?

— Eh ! madame, qui sait? peut-être en a-t-il encore pour un lustre à rester dans sa Bretagne, comme dit ce coquin de Voltaire; peut-être est-il en route; peut-être est-il à deux cents lieues ; peut-être est-il à la barrière.

Et le maréchal étudia sur le visage de la jeune femme l'effet des dernières paroles qu'il avait dites.

Mais, après avoir rêvé un moment:

— Revenons au point où nous en étions.

— Où vous voudrez, comtesse.

— Où en étions-nous ?

— Au moment où Sa Majesté se plaît si fort à Trianon, dans la compagnie de M. de Choiseul.

— Et où nous parlions de renvoyer ce Choiseul, duc.

— C'est-à-dire où vous parliez de le renvoyer, comtesse.

— Comment, dit la favorite, j'ai si grande envie qu'il parte que je risque à mourir s'il ne part pas; vous ne m'y aiderez pas un peu, mon cher duc?

— Oh! oh! fit Richelieu en se rengorgeant, voilà ce qu'en politique nous appelons une ouverture.

— Prenez comme il vous plaît, appelez comme il vous convient, mais répondez catégoriquement.

— Oh! que voilà un grand vilain adverbe dans une si petite et si jolie bouche.

— Vous appelez cela répondre, duc?

— Non, pas précisément : c'est ce que j'appelle préparer ma réponse.

— Est-elle préparée ?

— Attendez donc.

— Vous hésitez, duc?

— Non pas.

— Eh bien ! j'écoute.

— Que dites-vous des apologues, comtesse ?

— Que c'est bien vieux.

— Bah! le soleil aussi est vieux, et nous n'avons encore rien inventé de mieux pour y voir.

— Va donc pour l'apologue : mais ce sera transparent.

— Comme du cristal.

— Allons.

— M'écoutez-vous, belle dame?

— J'écoute.

— Supposez donc, comtesse; vous savez, on suppose toujours dans les apologues.

— Dieu! que vous êtes ennuyeux, duc.

— Vous ne pensez pas un mot de ce que vous dites-là, comtesse, car jamais vous n'avez écouté plus attentivement.

— Soit; j'ai tort.

— Supposez donc que vous vous promenez dans votre beau jardin de Luciennes, et que vous apercevez une prune magnifique, une de ces reines-claudes que vous aimez tant, parce qu'elles ont des couleurs vermeilles et purpurines qui ressemblent aux vôtres.

— Allez toujours, flatteur.

— Vous apercevez, dis-je, une de ces prunes tout au bout d'une branche, tout au haut de l'arbre ; que faites-vous, comtesse ?

— Je secoue l'arbre, pardieu !

— Oui, mais inutilement, car l'arbre est gros, indéracinable, comme vous disiez tout à l'heure ; et vous vous apercevez bientôt que sans l'ébranler même vous égratignez vos charmantes petites menottes à son écorce. Alors vous dites, en tournaillant la tête de cette adorable façon qui n'appartient qu'à vous et aux fleurs : Mon Dieu ! mon Dieu ! que je voudrais bien voir cette prune à terre; et vous vous dépitez.

— C'est assez naturel, duc.

— Ce n'est certes pas moi qui vous dirai le contraire.

— Continuez, mon cher duc ; votre apologue m'intéresse infiniment.

— Tout-à-coup, en vous retournant comme cela, vous apercevez votre ami le duc de Richelieu, qui se promène en pensant.

— A quoi ?

— La belle question, pardieu ! à vous ; et vous lui dites avec votre adorable voix flûtée :

— Ah ! duc ! duc !

— Très bien !

— Vous êtes un homme, vous ; vous

êtes fort; vous avez pris Mahon; secouez-moi donc un peu ce diable de prunier, afin que j'aie cette satanée prune ; n'est-ce pas cela, comtesse, hein ?

— Absolument, duc; je disais la chose tout bas, tandis que vous la disiez tout haut; mais que répondiez-vous ?

— Je répondais...

— Oui.

— Je répondais... Comme vous y allez, duchesse ! Je ne demande certes pas mieux; mais regardez donc, regardez donc, comme cet arbre est solide, comme les branches sont rugueuses ; je tiens à mes mains aussi, moi, que diable ! quoiqu'elles aient cinquante ans de plus que les vôtres.

— Ah! fit tout-à-coup la comtesse, bien, bien, je comprends.

— Alors, continuez l'apologue : que me dites-vous ?

— Je vous dis...

— De votre voix flûtée ?

— Toujours.

— Dites, dites.

— Je vous dis, mon petit maréchal, cessez de regarder indifféremment cette prune, que vous ne regardez indifféremment, au reste, que parce qu'elle n'est point pour vous; désirez-la avec moi, mon cher maréchal; convoitez-la avec moi, et, si vous me secouez l'arbre comme il faut, si la prune tombe, eh bien!...

— Eh bien!

— Eh bien! nous la mangerons ensemble.

— Bravo! fit le duc en frappant les deux mains l'une contre l'autre.

— Est-ce cela?

— Ma foi, comtesse, il n'y a que vous pour finir un apologue. Par mes cornes! comme disait feu mon père, comme c'est galamment troussé.

— Vous allez donc secouer l'arbre, duc?

— A deux mains trois cœurs, comtesse.

— Et la prune était-elle bien une reine-claude?

— On n'en est pas parfaitement sûr, comtesse.

— Qu'est-ce donc?

— Il me paraît bien plutôt que c'était un portefeuille qu'il y avait au haut de cet arbre.

— A nous deux le portefeuille, alors.

— Oh! non, à moi tout seul. Ne m'enviez pas ce maroquin-là, comtesse; il tombera tant de belle choses avec lui de l'arbre, quand je l'aurai secoué, que vous aurez du choix à n'en savoir que faire.

— Eh bien! maréchal, est-ce une affaire entendue?

— J'aurai la place de M. de Choiseul.

— Si le roi le veut.

— Le roi ne veut-il pas tout ce que vous voulez?

— Vous voyez bien que non, puisqu'il ne veut pas renvoyer son Choiseul.

— Oh! j'espère que le roi voudra bien se rappeler son ancien compagnon.

— D'armes?

— Oui, d'armes; les plus rudes dangers ne sont pas toujours à la guerre, comtesse.

— Et vous ne me demandez rien pour le duc d'Aiguillon?

— Ma foi, non; le drôle saura bien demander lui-même.

— D'ailleurs, vous serez là. Maintenant, à mon tour.

— A votre tour de quoi faire ?

— A mon tour de demander.

— C'est juste.

— Que me donnerez-vous ?

— Ce que vous voudrez.

— Je veux tout.

— C'est raisonnable !

— Et je l'aurai ?

— Belle question ! Mais, serez-vous

satisfaite, au moins, et ne me demanderez-vous que cela?

— Que cela, et quelque chose encore avec.

— Dites.

— Vous connaissez M. de Taverney?

— C'est un ami de quarante ans.

— Il a un fils?

— Et une fille.

— Précisément.

— Après ?

— C'est tout.

— Comment, c'est tout ?

— Oui, ce quelque chose qui me reste à vous demander, je vous le demanderai en temps et lieu.

— A merveille !

— Nous nous sommes entendus, duc.

— Oui, comtesse.

— C'est signé.

— Bien mieux, c'est juré.

— Renversez-moi mon arbre, alors.

— J'ai des moyens.

— Lesquels ?

— Mon neveu.

— Après ?

— Les Jésuites.

— Ah ! ah !

— Tout un petit plan fort agréable, que j'avais formé à tout hasard.

— Peut-on le savoir ?

— Hélas ! comtesse.

— Oui, oui, vous avez raison.

— Vous le savez, le secret.....

— C'est la moitié de la réussite, j'achève votre pensée.

— Vous êtes adorable !

— Mais, moi, je veux aussi secouer l'arbre de mon côté.

— Très bien ! secouez, secouez, comtesse, cela ne peut pas faire de mal.

— J'ai mon moyen.

— Et vous le croyez bon ?

— Je suis payée pour cela.

— Lequel ?

— Ah ! vous le verrez, duc, ou plutôt.....

— Quoi ?

— Non, vous ne le verrez pas.

Et sur ces mots, prononcés avec une

finesse que cette charmante bouche seule pouvait avoir, la folle comtesse, comme si elle revenait à elle, abaissa rapidement les flots de satin de sa jupe, qui, dans l'accès diplomatique, avait opéré un mouvement de flux équivalent à celui de la mer.

Le duc, qui était quelque peu marin, et qui, par conséquent, était familiarisé avec les caprices de l'Océan, rit aux éclats, baisa les mains de la comtesse, et devina, lui qui devinait si bien, que son audience était finie.

— Quand commencerez-vous à renverser, duc? demanda la comtesse.

— Demain. Et vous, quand commencerez-vous à secouer?

On entendit un grand bruit de carrosses dans la cour, et presqu'aussitôt les cris de : Vive le roi!

— Moi, dit la comtesse en regardant par la fenêtre, moi, je vais commencer tout de suite.

— Bravo!

— Passez par le petit escalier, duc, et attendez-moi dans la cour. Vous aurez ma réponse dans une heure.

II

Le pis-aller de Sa Majesté Louis XV.

Le roi Louis XV n'était pas tellement débonnaire, que l'on pût causer tous les jours politique avec lui.

En effet, la politique l'ennuyait fort, et, dans ses mauvais jours, il s'en tirait avec cet argument, auquel il n'y avait rien à répondre :

— Bah! la machine durera bien toujours autant que moi!

Lorsque la circonstance était favorable, on en profitait; mais il était rare que le monarque ne reprît pas son avantage qu'un moment de bonne humeur lui avait fait perdre.

Madame Dubarry connaissait si bien son roi, que, comme les pêcheurs qui savent leur mer, elle ne s'embarquait jamais par le mauvais temps.

Or, ce moment où le roi la venait voir à Luciennes était un des meilleurs instants possibles. — Le roi avait eu tort la veille, il savait d'avance qu'on l'allait gronder. — Il devait être de bonne prise ce jour-là.

Toutefois, si confiant que soit le gibier qu'on attend à l'affût, il y a toujours chez lui un certain instinct dont il faut savoir se défier. — Mais cet instinct est mis en défaut quand le chasseur sait s'y prendre.

Voici comment s'y prit la comtesse à l'endroit du gibier royal qu'elle voulait amener dans ses panneaux.

Elle était, comme nous croyons l'avoir déjà dit, dans un déshabillé fort galant, comme Boucher en met à ses bergères.

Seulement elle n'avait pas de rouge, le rouge était l'antipathie du roi Louis XV.

Aussitôt qu'on eut annoncé Sa Majesté, la comtesse sauta sur son pot de rouge et commença de se frotter les joues avec acharnement.

Le roi vit, de l'antichambre, à quelle occupation se livrait la comtesse.

— Fi! dit-il en entrant; la méchante, elle se farde.

— Ah ! bonjour, Sire, dit la comtesse sans se déranger de devant sa glace, et sans s'interrompre dans son opération, même lorsque le roi l'embrassa sur le col.

— Vous ne m'attendiez donc pas, comtesse ? demanda le roi.

— Pourquoi donc cela, Sire ?

— Que vous salissiez ainsi votre figure ?

— Au contraire, Sire, j'étais sûre que la journée ne se passerait point sans que j'eusse l'honneur de voir Votre Majesté.

— Ah ! comme vous me dites cela, comtesse.

— Vous trouvez ?

— Oui. Vous êtes sérieuse comme M. Rousseau quand il écoute sa musique.

— C'est qu'en effet, Sire, j'ai quelque chose de sérieux à dire à Votre Majesté.

— Ah ! bon ! je vous vois venir, comtesse.

— Vraiment?

— Oui, des reproches?

— Moi! allons donc, Sire... Et pourquoi, je vous prie?

— Mais parce que je ne suis pas venu hier.

— Oh! Sire, vous me rendrez cette justice, que je n'ai pas la prétention de confisquer Votre Majesté.

— Jeannette, tu te fâches.

— Oh! non pas, Sire, je suis toute fâchée.

— Ecoutez, comtesse, je vous assure que je n'ai pas cessé de songer à vous.

— Bah !

— Et que cette soirée m'a semblé éternelle.

— Mais, encore un coup, Sire, je ne vous parle point de cela, ce me semble, Votre Majesté passe ses soirées où il lui plaît, cela ne regarde personne.

— En famille, madame, en famille.

— Sire, je ne m'en suis pas même informée.

— Pourquoi cela ?

— Dame ! vous conviendrez, Sire, que ce serait mal séant de ma part.

— Mais alors, s'écria le roi, si vous ne m'en voulez point de cela, de quoi m'en voulez-vous ? car enfin, il s'agit d'être juste en ce monde.

— Je ne vous en veux pas, Sire.

— Cependant, puisque vous êtes fâchée.

— Je suis fâchée, oui, Sire ; quant à cela, c'est vrai.

— Mais de quoi ?

— D'être un pis-aller.

— Vous, grand Dieu !

— Moi ! oui, moi ! la comtesse Dubarry ! la jolie Jeanne, la charmante Jeannette, la séduisante Jeanneton, comme dit Votre Majesté ; oui, je suis le pis-aller.

— Mais en quoi ?

— En ceci que j'ai mon roi, mon amant, quand madame de Choiseul et madame de Grammont n'en veulent plus.

— Oh! oh! comtesse...

— Ma foi! tant pis, je dis tout net les choses que j'ai sur le cœur, moi. Tenez, Sire, on assure que madame de Grammont vous a souvent guetté à l'entrée de votre chambre à coucher. Moi, je prendrai le contrepied de la noble duchesse ; je guetterai, à la sortie, et le premier Choiseul ou la première Grammont qui me tombera sous la main... Tant pis, ma foi!

— Comtesse! comtesse!

— Que voulez-vous? je suis une femme

mal élevée, moi. Je suis la maîtresse de Blaise, la belle Bourbonnaise, vous savez.

— Comtesse, les Choiseul se vengeront.

— Que m'importe! pourvu qu'ils se vengent de ma vengeance.

— On vous conspuera.

— Vous avez raison.

— Ah !

— J'ai un moyen merveilleux, et je vais le mettre à exécution.

— C'est? demanda le roi inquiet.

— C'est de m'en aller purement et simplement.

Le roi haussa les épaules.

— Ah! vous n'y croyez pas, Sire?

— Ma foi, non.

— C'est que vous ne vous donnez pas la peine de raisonner. Vous me confondez avec d'autres.

— Comment cela?

— Sans doute. Madame de Châteauroux voulait être déesse ; madame de Pompadour voulait être reine ; les autres voulaient être riches, puissantes, humilier les femmes de la cour du poids de leur faveur. Moi je n'ai aucun de ces défauts.

— C'est vrai.

— Tandis que j'ai beaucoup de qualités.

— C'est encore vrai.

— Vous ne dites pas un mot de ce que vous pensez.

— Oh! comtesse! personne n'est plus convaincu que moi de ce que vous valez.

— Soit, mais écoutez; ce que je vais dire ne peut pas nuire à votre conviction.

— Dites.

— D'abord, je suis riche et n'ai besoin de personne.

— Vous voulez me le faire regretter, comtesse.

— Ensuite, je n'ai pas le moindre orgueil pour tout ce qui flattait ces dames, le moindre désir pour ce qu'elles ambitionnaient ; j'ai toujours voulu aimer mon amant avant toute chose, mon amant fût-il mousquetaire, mon amant fût-il roi. Du jour où je n'aime plus, je ne tiens à rien.

— Espérons que vous tenez encore un peu à moi, comtesse.

— Je n'ai pas fini, Sire.

— Continuez donc, madame.

— J'ai encore à dire à Votre Majesté que je suis jolie, que je suis jeune, que j'ai encore devant moi dix années de beauté, que je serai non-seulement la plus heureuse femme du monde, mais encore la plus honorée, du jour où je ne serai plus la maîtresse de Votre Majesté. Vous souriez, Sire. Je suis fâchée de vous dire alors que c'est que vous ne réfléchissez pas. Les autres favorites, mon cher roi, quand vous aviez assez d'elles, et que votre peuple en avait trop, vous les chassiez, et vous vous faisiez bénir de votre peuple qui exécrait la disgraciée comme auparavant; mais moi, je n'attendrai pas mon renvoi.

Moi, je quitterai la place et je ferai savoir à tous que je l'ai quittée. Je donnerai cent mille livres aux pauvres, j'irai passer huit jours pour faire pénitence dans un couvent, et avant un mois j'aurai mon portrait dans toutes les églises pour faire pendant à Madeleine repentante.

— Oh! comtesse, vous ne parlez pas sérieusement, dit le roi.

— Regardez-moi, Sire, et voyez si je suis ou non sérieuse; jamais de ma vie, je vous le jure, au contraire, je ne parlai plus sérieusement.

— Vous ferez cette mesquinerie, Jeanne. Mais savez-vous que vous me mettez le marché à la main, madame la comtesse!

— Non, Sire; car vous mettre le marché à la main, ce serait vous dire simplement : choisissez entre ceci et cela.

— Tandis ?

— Tandis que je vous dis : Adieu, Sire! — et voilà tout.

Le roi pâlit, mais cette fois de colère.

— Si vous vous oubliez ainsi, madame, prenez garde.

— A quoi ? Sire.

— Je vous enverrai à la Bastille.

— Moi ?

— Oui, vous, et à la Bastille on s'ennuie plus encore qu'au couvent.

— Oh ! Sire, dit la comtesse en joignant les mains, si vous me faisiez cette grâce.

— Quelle grâce ?

— De m'envoyer à la Bastille.

— Heim !

— Vous me combleriez.

— Comment cela ?

— Eh ! oui. Mon ambition cachée est d'être populaire comme M. de La Chalotais ou M. de Voltaire. La Bastille me manque pour cela ; un peu de Bastille, et je suis la plus heureuse des femmes. Ce sera une occasion pour moi d'écrire des mémoires sur moi, sur vos ministres, sur vos filles, sur vous-même, et de transmettre ainsi toutes les vertus de Louis le Bien-Aimé à la postérité la plus reculée.

Fournissez la lettre de cachet, Sire. Tenez, moi je fournis la plume et l'encre.

Et elle poussa vers le roi une plume et un encrier qui se trouvaient sur le guéridon.

Le roi ainsi bravé, réfléchit un moment, et, se levant :

— C'est bien. Adieu, madame, dit-il.

— Mes chevaux ? s'écria la comtesse. Adieu, Sire.

Le roi fit un pas vers la porte.

— Chon? dit la comtesse.

Chon parut.

— Mes malles, mon service de voyage et la poste; allons, allons, dit-elle.

— La poste! fit Chon attérée, qu'y a-t-il donc, bon Dieu !

— Il y a, ma chère, que si nous ne partons pas au plus vite, Sa Majesté va nous envoyer à la Bastille. Il n'y a donc pas de temps à perdre. Dépêche, Chon, dépêche.

Ce reproche frappa Louis XV au cœur;

il revint à la comtesse et lui prit la main.

— Pardon, comtesse, de ma vivacité, dit-il.

— En vérité, Sire, je suis étonnée que vous ne m'ayez pas aussi menacée de la potence.

— Oh ! comtesse !

— Sans doute. — Est-ce qu'on ne pend pas les voleurs ?

— Eh bien ?

— Est-ce que je ne vole pas la place de madame de Grammont?

— Comtesse!

— Dame! c'est mon crime, Sire.

— Écoutez, comtesse, soyez juste : vous m'avez exaspéré,

— Et maintenant?

Le roi lui tendit les mains.

— Nous avions tort tous deux. Maintenant, pardonnons-nous mutuellement.

— Est-ce sérieusement que vous demandez une réconciliation, Sire ?

— Sur ma foi.

— Va-t-en, Chon.

— Sans rien commander ? demanda la jeune femme à sa sœur.

— Au contraire, commande tout ce que j'ai dit.

— Comtesse.

— Mais qu'on attende de nouveaux ordres.

— Ah !

Chon sortit.

— Vous me voulez donc? dit la comtesse au roi.

— Par-dessus tout.

— Réfléchissez à ce que vous dites là, Sire.

Le roi réfléchit en effet, mais il ne pouvait reculer ; et d'ailleurs, il voulait voir jusqu'où iraient les exigences du vainqueur.

— Partez, dit-il.

— Tout à l'heure. Faites-y attention, Sire ! — Je partais sans rien demander.

— Je l'ai bien vu.

— Mais, si je reste, je demanderai quelque chose.

— Quoi ? Il s'agit de savoir quoi, voilà tout.

— Ah ! vous le savez bien.

— Non.

— Si fait, puisque vous faites la grimace.

— Le renvoi de M. de Choiseul ?

— Précisément.

— Impossible, comtesse.

— Mes chevaux alors.

— Mais, mauvaise tête.

— Signez ma lettre de cachet pour la Bastille, ou la lettre qui congédie le ministre.

— Il y a un milieu, dit le roi.

— Merci de votre clémence, Sire; je partirai sans être inquiétée, à ce qu'il paraît.

— Comtesse, vous êtes femme.

— Heureusement.

— Et vous raisonnez politique en véritable femme mutine et colère. Je n'ai pas de raison pour congédier M. de Choiseul.

— Je comprends, l'idole de vos parlements, celui qui les soutient dans leur révolte.

— Enfin, il faut un prétexte.

— Le prétexte est la raison du faible.

— Comtesse, c'est un honnête homme que M. de Choiseul, et les honnêtes gens sont rares.

— C'est un honnête homme qui vous vend aux robes noires, lesquelles vous mangent tout l'or de votre royaume.

— Pas d'exagération, comtesse.

— La moitié alors.

— Mon Dieu! s'écria Louis XV dépité.

— Mais, au fait, s'écria de son côté la comtesse, je suis bien sotte; que m'importent à moi les parlements, les Choiseul, son gouvernement; que m'importe le roi même, à moi, son pis-aller.

— Encore.

— Toujours, Sire.

— Voyons, comtesse, deux heures de réflexion.

— Dix minutes, Sire. Je passe dans ma chambre, glissez-moi votre réponse sous la porte : le papier est là, la plume est là, l'encrier est là. Si dans dix minutes vous n'avez pas répondu ou n'avez pas répondu à ma guise, — adieu, Sire ! — Ne songez plus à moi, je serai partie. — Sinon.

— Sinon ?

— Tournez la bobinette et la chevillette cherra.

Louis XV, pour se donner une contenance, baisa la main de la comtesse, qui, en se retirant, lui lança comme le Parthe, son sourire le plus provoquant.

Le roi ne s'opposa aucunement à cette

retraite, et la comtesse s'enferma dans la chambre voisine.

Cinq minutes après, un papier plié carrément frôla le bourrelet de soie de la porte et la laine du tapis.

La comtesse lut avidement le contenu du billet, écrivit à la hâte quelques mots au crayon, et jeta ces quelques mots à M. de Richelieu qui se promenait dans la petite cour, sous un auvent, avec grande frayeur d'être vu, faisant ainsi le pied de grue.

Le maréchal déplia le papier, lut, et,

prenant sa course malgré ses soixante et quinze ans, il arriva dans la grande cour à son carrosse.

— Cocher, dit-il, à Versailles, ventre à terre !

Voici ce que contenait le papier jeté par la fenêtre à M. de Richelieu :

« J'ai secoué l'arbre, le portefeuille est tombé. »

III

Comment le roi Louis XV travaillait avec son ministre.

Le lendemain, la rumeur était grande à Versailles. Les gens ne s'abordaient qu'avec des signes mystérieux et des poignées de main significatives, ou bien avec des croisemens de bras et des regards au ciel, qui témoignaient de leur douleur et de leur surprise.

M. de Richelieu, avec bon nombre de partisans, était dans l'antichambre du roi, à Trianon, vers dix heures.

Le comte Jean, tout chamarré, tout éblouissant, causait avec le vieux maréchal, et causait gaîment, si l'on en croyait sa figure épanouie.

Vers onze heures, le roi passa, se rendant à un cabinet de travail, et ne parla à personne. Sa Majesté marchait fort vite.

A onze heures cinq minutes, M. de Choiseul descendit de voiture et traversa la galerie, son portefeuille sous le bras.

A son passage il se fit un grand mouvement de gens qui se retournaient pour avoir l'air de causer entre eux et ne pas saluer le ministre.

Le duc ne fit pas attention à ce manége; il entra dans le cabinet, où le roi feuilletait un dossier en prenant son chocolat.

— Bonjour, duc, lui dit le roi amicalement; sommes-nous bien dispos, ce matin?

— Sire, M. de Choiseul se porte bien,

mais le ministre est fort malade, et vient prier Votre Majesté, puisqu'elle ne lui parle encore de rien, d'agréer sa démission. Je remercie le roi de m'avoir permis cette initiative; c'est une dernière faveur dont je lui suis bien reconnaissant.

— Comment, duc, votre démission; qu'est-ce que cela veut dire?

— Sire, Votre Majesté a signé hier, entre les mains de madame Dubarry, un ordre qui me destitue; cette nouvelle court déjà tout Paris et tout Versailles. Le mal est fait. Cependant, je n'ai pas voulu quitter le service de Votre Majesté sans en avoir reçu l'ordre avec la permission. Car, nommé officiellement, je ne puis me regarder comme destitué que par un acte officiel.

— Comment, duc, s'écria le roi en riant, car l'attitude sévère et digne de M. de Choiseul lui imposait jusqu'à la crainte. Comment vous, un homme d'esprit et un formaliste, vous avez cru cela ?

— Mais, sire, dit le ministre surpris, vous avez signé....

— Quoi donc ?

— Une lettre que possède madame Dubarry.

— Ah! duc, n'avez-vous jamais eu besoin de la paix; vous êtes bien heureux!... Le fait est que madame de Choiseul est un modèle.

Le duc, offensé de la comparaison, fronça le sourcil.

—Votre Majesté, dit-il, est d'un caractère trop ferme et d'un caractère trop heureux pour mêler aux affaires d'Etat ce que vous daignez appeler les affaires de ménage.

— Choiseul, il faut que je vous conte cela, c'est fort drôle; vous savez qu'on vous craint beaucoup par là.

— C'est-à-dire qu'on me hait, Sire.

— Si vous le voulez ; eh bien ! cette folle de comtesse ne m'a-t-elle pas posé cette alternative : de l'envoyer à la Bastille ou de vous remercier de vos services.

— Eh bien ! Sire ?

— Eh bien ! duc, vous m'avouerez qu'il eût été trop malheureux de perdre le coup-d'œil que Versailles offrait ce matin. Depuis hier, je m'amuse à voir courir les estafettes sur les routes, à voir s'alonger ou se rapetisser les visages.... Cotillon III est reine de France depuis hier. C'est on ne peut plus réjouissant.

— Mais la fin, Sire?

— La fin, mon cher duc, dit Louis XV redevenu sérieux, la fin sera toujours la même. — Vous me connaissez, j'ai l'air de céder et je ne cède jamais. — Laissez les femmes dévorer le petit gâteau de miel que je leur jetterai de temps en temps, comme on faisait à Cerbère;

mais nous, vivons tranquillement, imperturbablement, éternellement ensemble. — Et, puisque nous en sommes aux éclaircissements, gardez celui-ci pour vous. — Quelque bruit qui coure, quelque lettre de moi que vous teniez...., ne vous abstenez pas de venir à Versailles... Tant que je vous dirai ce que je vous dis, duc, nous serons bons amis.

Le roi tendit la main au ministre, qui s'inclina dessus sans reconnaissance comme sans rancune.

— Travaillons, si vous voulez, cher duc, maintenant.

— Aux ordres de Votre Majesté, répliqua Choiseul en ouvrant son portefeuille.

— Voyons, pour commencer, dites-moi quelques mots du feu d'artifice.

— Ça été un grand désastre, Sire.

— A qui la faute?

— A M. Bignon, prévôt des marchands.

— Le peuple a-t-il beaucoup crié?

— Oh! beaucoup.

— Alors, il fallait peut-être destituer ce M. Bignon.

— Le parlement, dont un des membres a failli étouffer dans la bagarre, avait pris l'affaire à cœur; mais M. l'avocat-général Séguier a fait un fort éloquent discours pour prouver que ce malheur était l'œuvre de la fatalité. On a applaudi, et ce n'est plus rien à présent.

— Tant mieux! Passons aux parlements, duc... Ah! voilà ce qu'on nous reproche.

— On me reproche, Sire, de ne pas

soutenir M. d'Aiguillon contre M. de la Chalotais; mais qui me reproche cela? les mêmes gens qui ont colporté avec des fusées de joie la lettre de Votre Majesté. Songez donc, Sire, que M. d'Aiguillon a outrepassé ses pouvoirs en Bretagne, que les jésuites étaient réellement exilés, que M. de la Chalotais avait raison; que Votre Majesté elle-même a reconnu, par acte public, l'innocence de ce procureur-général. On ne peut cependant faire se dédire ainsi le roi! Vis-à-vis de son ministre, c'est bien; mais vis-à-vis de son peuple!

— En attendant, les parlements se sentent forts.

— Ils le sont en effet. Quoi! on les tance, on les emprisonne, on les vexe, et on les déclare innocents : et ils ne seraient pas forts! Je n'ai pas accusé M. d'Aiguillon d'avoir commencé l'affaire la Chalotais, mais je ne lui pardonnerai jamais d'y avoir eu tort.

— Duc! duc! allons, le mal est fait, au remède..... Comment brider ces insolents?....

— Que les intrigues de M. le chancelier cessent, que M. d'Aiguillon n'ait plus de soutien, et la colère du parlement tombera.

— Mais j'aurai cédé, duc!

— Votre Majesté est donc représentée par M. d'Aiguillon..... et non par moi?

L'argument était rude, le roi le sentit.

— Vous savez, dit-il, que je n'aime pas à dégoûter mes serviteurs, lors-même qu'ils se sont trompés.... Mais laissons cette affaire, qui m'afflige, et dont le temps fera justice.... Parlons un peu de l'extérieur... On me dit que je vais avoir la guerre?

— Sire, si vous avez la guerre, ce sera une guerre loyale et nécessaire.

— Avec les Anglais.... diable !

— Votre Majesté craint-elle les Anglais, par hasard !

— Oh ! sur mer....

— Que Votre Majesté soit en repos, M. le duc de Praslin, mon cousin, votre ministre de la marine, vous dira qu'il a soixante-quatre vaisseaux, sans ceux qui sont en chantier; plus, des matériaux pour en construire douze autres en un an.... Enfin, cinquante frégates de première force, ce qui est une position respectable pour la guerre maritime.—

Quant à la guerre continentale, nous avons mieux que cela, nous avons Fontenoy.

— Fort bien; mais pourquoi aurais-je à combattre les Anglais, mon cher duc? un gouvernement beaucoup moins habile que le vôtre, celui de l'abbé Dubois, a toujours évité la guerre avec l'Angleterre.

— Je le crois bien, Sire, l'abbé Dubois recevait par mois six cent mille livres des Anglais.

— Oh! duc.

— J'ai la preuve, Sire.

— Soit; mais où voyez-vous des causes de guerre?

— L'Angleterre veut toutes les Indes; j'ai dû donner à vos officiers les ordres les plus sévères, les plus hostiles. La première collision là-bas donnera lieu à des réclamations de l'Angleterre; mon avis formel est que nous n'y fassions pas droit. Il faut que le gouvernement de Votre Majesté soit respecté par la force, comme il l'était grâce à la corruption.

— Eh! patientons; dans l'Inde, qui le saura? c'est si loin!

Le duc se mordit les lèvres.

— Il y a un *casus belli* plus rapproché de nous, Sire, dit-il.

— Encore, quoi donc?

— Les Espagnols prétendent à la possession des îles Malouines et Falkland... Le port d'Egmont était occupé par les Anglais arbitrairement, les Espagnols les en ont chassés de vive force; de là, fureur de l'Angleterre : elle menace les Espagnols des dernières extrémités, si on ne lui donne satisfaction.

— Eh bien! mais si les Espagnols ont

tort pourtant, laissez-les se démêler.

— Sire, et le pacte de famille? Pourquoi avez-vous tenu à faire signer ce pacte, qui lie étroitement tous les Bourbons d'Europe, et leur fait un rempart contre les entreprises de l'Angleterre.

Le roi baissa la tête.

— Ne vous inquiétez pas, Sire, dit Choiseul; vous avez une armée formidable, une marine imposante, de l'argent. J'en sais trouver sans faire crier les peuples. Si nous avons la guerre, ce sera une cause de gloire pour le règne de Votre Majesté, et je projette des agrandissements dont on nous aura fourni le prétexte et l'excuse.

— Alors, duc, alors la paix à l'intérieur; n'ayons pas la guerre partout.

— Mais l'intérieur est calme, Sire, répliqua le duc affectant de ne pas comprendre.

— Non, non, vous voyez bien que non. Vous m'aimez et me servez bien. Il y a d'autres gens qui disent m'aimer et dont les façons ne ressemblent pas du tout aux vôtres; mettons l'accord entre tous ces systèmes; voyons, mon cher duc, que je vive heureux.

— Il ne dépendra pas de moi que votre bonheur ne soit complet, Sire.

— Voilà parler. Eh bien! venez donc dîner avec moi aujourd'hui.

— A Versailles, Sire?

— Non, à Luciennes.

— Oh! mon regret est grand, Sire, mais ma famille est toute alarmée de la nouvelle répandue hier. On me croit dans la disgrâce de Votre Majesté. Je ne puis laisser tant de cœurs souffrants.

— Et ceux dont je vous parle, ne souffrent-ils pas, duc? Songez donc comme nous avons vécu heureux tous trois, du temps de cette pauvre marquise.

Le duc baissa la tête, ses yeux se voilèrent, un soupir à demi-étouffé sortit de sa poitrine.

— Madame de Pompadour était une femme bien jalouse de la gloire de Votre Majesté, dit-il, elle avait de hautes idées politiques. J'avoue que son génie sympathisait avec mon caractère. Souvent, Sire, je me suis attelé de front avec elle aux grandes entreprises qu'elle formait; oui, nous nous entendions.

— Mais elle se mêlait de politique, duc, et tout le monde le lui reprochait.

— C'est vrai.

— Celle-ci, au contraire, est douce comme un agneau; elle n'a pas encore fait signer une lettre de cachet, même contre les pamphlétaires et les chansonniers. Eh bien, on lui reproche ce qu'on louait chez l'autre. Ah! duc, c'est fait pour dégoûter du progrès... Voyons, venez-vous faire votre paix à Luciennes?

— Sire, veuillez assurer madame la comtesse Dubarry que je la trouve une femme charmante et digne de tout l'amour du roi, mais...

— Ah! voilà un mais, duc...

— Mais, poursuivit M. de Choiseul, ma conviction est que si Votre Majesté est nécessaire à la France, aujourd'hui un bon ministre est plus nécessaire à Votre Majesté qu'une charmante maîtresse.

— N'en parlons plus, duc, et demeurons bons amis. Mais câlinez madame de Grammont, qu'elle ne complote plus rien contre la comtesse; les femmes nous brouilleraient.

— Madame de Grammont, Sire, veut trop plaire à Votre Majesté. C'est là son tort.

— Et elle me déplaît en nuisant à la comtesse, duc.

— Aussi, madame de Grammont part-elle, Sire, on ne la verra plus : ce sera un ennemi de moins.

— Ce n'est pas ainsi que je l'entends, vous allez trop loin. Mais la tête me brûle, duc, nous avons travaillé ce matin comme Louis XIV et Colbert, nous avons été *grand siècle,* comme disent les philosophes. A propos, duc, est-ce que vous êtes philosophe, vous ?

— Je suis serviteur de Votre Majesté, répliqua M. de Choiseul.

— Vous m'enchantez, vous êtes un homme impayable; donnez-moi votre bras, je suis tout étourdi.

Le duc se hâta d'offrir son bras à Sa Majesté.

Il devinait qu'on allait ouvrir les portes à deux battants, que toute la cour était dans la galerie, qu'on allait le voir dans cette splendide position; après avoir tant souffert, il n'était pas fâché de faire souffrir ses ennemis.

L'huissier ouvrit en effet les portes, et annonça le roi dans la galerie.

Louis XV toujours causant avec M. de Choiseul et lui souriant, se faisant lourd sur son bras, traversa la foule sans remarquer ou sans vouloir remarquer combien Jean Dubarry était pâle et combien M. de Richelieu était rouge.

Mais M. de Choiseul vit bien cette différence de nuances. Il passa le jarret tendu, le col raide, les yeux brillants, devant les courtisans, qui se rapprochaient autant qu'ils s'étaient éloignés le matin.

— Là, dit le roi, au bout de la galerie; duc, attendez-moi, je vous emmène à Trianon. Rappelez-vous tout ce que je vous ai dit.

— Je l'ai gardé dans mon cœur, répliqua le ministre, sachant bien qu'avec cette phrase aiguisée, il perçait l'âme de tous ses ennemis.

Le roi rentra chez lui.

M. de Richelieu rompit la file et vint serrer dans ses deux mains maigres la main du ministre, en lui disant :

— Il y a longtemps que je sais qu'un Choiseul a l'âme chevillée au corps.

— Merci, dit le duc qui savait à quoi s'en tenir.

— Mais ce bruit absurde, poursuivit le maréchal...

— Ce bruit a bien fait rire Sa Majesté, dit Choiseul.

— On parlait d'une lettre...

— Mystification de la part du roi, répliqua le ministre en lançant cette phrase à l'adresse de Jean, qui perdait contenance.

— Merveilleux! merveilleux! répéta le maréchal, en retournant au comte, aussitôt que le duc de Choiseul eut disparu et ne put plus le voir.

Le roi descendait l'escalier en appelant le duc, empressé à le suivre.

— Eh! eh! nous sommes joués, dit le maréchal à Jean.

— Où vont-ils ?

— Au Petit-Trianon, se moquer de nous.

— Mille tonnerres! murmura Jean. Ah! pardon, monsieur le maréchal.

— A mon tour, dit celui-ci, et voyons si mon moyen vaudra mieux que celui de la comtesse.

IV

Le petit Trianon.

Quand Louis XIV eut bâti Versailles, et qu'il eut reconnu les inconvénients de la grandeur, lorsqu'il vit ces immenses salons pleins de gardes, ces antichambres pleines de courtisans, ces corridors et ces entresols pleins de laquais, de pages et de commensaux, il se dit que Versailles était bien ce que Louis XIV avait voulu en faire, ce que Mansard, Le Brun et Le Nôtre en avaient fait, le séjour d'un Dieu, mais non pas l'habitation d'un homme.

Alors le grand roi, qui était un homme à ses moments perdus, se fit bâtir Trianon pour respirer et cacher un peu sa vie. Mais l'épée d'Achille, qui avait fatigué Achille, devait être d'un poids insupportable pour un successeur mirmidon.

Trianon, ce rapetissement de Ver-

sailles, parut encore trop pompeux à
Louis XV, qui se fit bâtir par l'architecte
Gabriel le petit Trianon, pavillon de
soixante pieds carrés.

A gauche de ce bâtiment, on construi-
sit un carré long sans caractère et sans
ornements : ce fut la demeure des gens
de service et des commensaux. On
comptait là environ dix logements de
maîtres, et la place de cinquante serviteurs. On peut voir encore ce bâtiment
dans son intégrité. Il se compose d'un
rez-de-chaussée, d'un premier étage et
dé combles. Ce rez-de-chaussée est ga-
ranti par un fossé pavé qui le sépare des

massifs ; toutes les fenêtres en sont grillées comme celles du premier étage. Vues du côté de Trianon, ces fenêtres éclairent un long corridor pareil à celui d'un couvent.

Huit à neuf portes, percées dans le corridor, conduisent aux logements, tous composés d'une antichambre avec deux cabinets, l'un à droite, l'autre à gauche, et d'une basse chambre, voire même de deux, éclairées sur la cour intérieure de ce bâtiment.

Au-dessous de cet étage, les cuisines.

Dans les combles, des chambres de domestiques.

Voilà le Petit-Trianon.

Ajoutez-y une chapelle à vingt toises du château, dont nous ne ferons pas la description, parce que nous n'en avons aucun besoin, et que ce château ne peut loger qu'un ménage, ainsi qu'on le dirait aujourd'hui.

La topographie est donc celle-ci : un château voyant avec ses larges yeux sur le parc et sur les bois ; voyant à gauche sur les communs, qui ne lui opposent que des fenêtres grillées, fenêtres de corridors ou de cuisines masquées par un épais treillis.

Du Grand-Trianon, demeure solennelle de Louis XV, on se rendait au petit par un jardin potager qui joignait les deux résidences, moyennant l'interjection d'un pont de bois.

Ce fut par ce jardin potager et fruitier qu'avait dessiné et planté La Quintinie, que Louis XV mena M. de Choiseul au Petit-Trianon, après la laborieuse séance que nous venons de raconter. Il voulait lui faire voir les améliorations introduites par lui dans le nouveau séjour du Dauphin et de la Dauphine.

M. de Choiseul admirait tout, commentait tout avec la sagacité d'un courtisan ; il laissait le roi lui dire que le Petit-Trianon devenait de jour en jour plus beau, plus charmant à habiter ; et le ministre ajoutait que c'était pour Sa Majesté la maison de famille.

— La Dauphine, dit le roi, est encore un peu sauvage, comme toutes les Allemandes jeunes ; elle parle bien le français, mais elle a peur d'un léger accent qui la trahit Autrichienne à des oreilles françaises. A Trianon, elle n'entendra que des amis, et ne parlera que lorsqu'elle le voudra.

— Il en résulte qu'elle parlera bien. J'ai déjà remarqué, dit M. de Choiseul, que Son Altesse Royale est accomplie et n'a rien à faire pour se perfectionner.

Chemin faisant, les deux voyageurs trouvèrent M. le Dauphin arrêté sur une pelouse et qui prenait la hauteur du soleil.

M. de Choiseul s'inclina fort bas, et,

comme le Dauphin ne lui parla pas, il ne parla pas non plus.

Le roi dit assez haut pour être entendu de son petit-fils :

— Louis est un savant, et il a bien tort de se casser la tête à des sciences, sa femme en souffrira.

— Non pas, répliqua une douce voix de femme sortie d'un buisson.

Et le roi vit accourir à lui la Dauphine, qui causait avec un homme farci de papiers, de compas et de crayons.

— Sire, dit la princesse, M. Mique, mon architecte.

— Ah! fit le roi, vous avez aussi cette maladie, madame.

— Sire, c'est une maladie de famille.

— Vous allez faire bâtir?

— Je vais faire meubler ce grand parc, dans lequel tout le monde s'ennuie.

— Oh! oh! ma fille, vous dites cela bien haut, le Dauphin pourrait vous entendre.

— C'est chose convenue entre nous, mon père, répliqua la princesse.

— De vous ennuyer?

— Non, mais de chercher à nous divertir.

— Et Votre Altesse Royale veut faire bâtir? dit M. de Choiseul.

— De ce parc, monsieur le duc, je veux faire un jardin.

— Ah! ce pauvre Le Nôtre, dit le roi.

— Le Nôtre était un grand homme!

Sire, pour ce que l'on aimait alors, mais pour ce que j'aime...

— Qu'aimez-vous, madame ?

— La nature.

— Ah ! comme les philosophes.

— Ou comme les Anglais.

— Bon ! dites cela devant Choiseul, vous allez avoir une déclaration de guerre. Il va vous lâcher les soixante-quatre vaisseaux et les quarante frégates de M. de Praslin, son cousin.

— Sire, dit la Dauphine, je ferai dessiner un jardin naturel par M. Robert, le plus habile homme du monde pour ces sortes de plans.

— Qu'appelez-vous jardins naturels? dit le roi. Je croyais que des arbres et des fleurs, voire même des fruits, comme ceux que j'ai cueillis en passant, étaient des choses naturelles.

— Sire, vous vous promèneriez cent ans chez vous que vous verriez toujours des allées droites, ou des massifs taillés à angle de quarante-cinq degrés, comme dit M. le Dauphin, ou des pièces d'eau mariées à des gazons, lesquels sont mariés à des perspectives, ou à des quinconces, ou à des terrasses.

— Eh bien ! c'est donc laid, cela ?

— Ce n'est pas naturel.

— Que voilà une petite fille qui aime la nature, dit le roi avec un air plus jovial que joyeux. Voyons ce que vous ferez de mon Trianon.

— Des rivières, des cascades, des ponts, des grottes, des rochers, des bois, des ravins, des maisons, des montagnes, des prairies.

— Pour des poupées ? dit le roi.

— Hélas, Sire, pour des rois tels que nous serons, répliqua la princesse sans remarquer la rougeur qui couvrit les joues de son aïeul, et sans remarquer qu'elle se présageait à elle-même une lugubre vérité.

— Alors, vous bouleverserez ; mais qu'édifierez-vous ?

— Je conserve.

— Ah ! c'est encore heureux que dans ces bois et dans ces rivières vous ne fassiez pas loger vos gens comme des Hurons, des Esquimaux ou des Groenlandais. Ils auraient là une vie naturelle, et M. Rousseau les appellerait les enfants de la nature... Faites cela, ma fille, et vous serez adorée des encyclopédistes.

— Sire, mes serviteurs auraient trop froid dans ces habitations-là.

— Où les logez-vous donc, si vous détruisez tout? Ce ne sera pas dans le palais; à peine y a-t-il place pour vous deux.

— Sire, je garde les communs tels qu'ils sont.

Et la Dauphine indiqua les fenêtres de ce corridor que nous avons décrit.

— Qui est-ce que j'y vois? dit le roi en se mettant une main sur les yeux, en guise de garde-vue.

— Une femme, Sire, dit M. de Choiseul.

— Une demoiselle que je prends chez moi, répliqua la Dauphine.

— Mademoiselle de Taverney, fit Choiseul avec sa vue perçante.

— Ah! dit le roi; tiens, vous avez ici les Taverney.

— Mademoiselle de Taverney seulement, Sire.

— Charmante fille. — Vous en faites ?

— Ma lectrice.

— Très-bien, dit le roi sans quitter de l'œil la fenêtre grillée par laquelle regardait, fort innocemment et sans se douter qu'on l'observait, mademoiselle de Taverney, pâle encore de sa maladie.

— Comme elle est pâle, dit M. de Choiseul.

— Elle a failli être étouffée le 31 mai, monsieur le duc.

— Vrai ? Pauvre fille ! dit le roi. — Ce M. Bignon méritait sa disgrâce.

— Elle est rétablie, dit M. de Choiseul très vite.

— Dieu merci, monsieur le duc.

— Ah ! fit le roi, elle se sauve.

— Elle aura reconnu Votre Majesté, et elle est timide.

— Vous l'avez depuis long-temps ?

— Depuis hier, Sire; en m'installant, je l'ai fait venir.

— Triste habitation pour une jolie fille, dit Louis XV; ce diable de Gabriel était bien maladroit : il n'a pas pensé que les arbres, en grandissant, éborgneraient ce bâtiment des communs, et qu'on n'y verrait plus clair.

— Mais non, Sire, je vous jure que le logement est supportable.

— Ce n'est pas possible, dit Louis XV.

— Votre Majesté veut-elle s'en assurer?

dit la Dauphine, jalouse de faire les honneurs de chez elle.

— Soit. Venez-vous, Choiseul ?

— Sire, il est deux heures. J'ai un conseil de parlement à deux heures et demie. Le temps de retourner à Versailles.

— Eh bien! allez, duc, allez, et secouez-moi les robes noires. Dauphine, montrez-moi les petits logements, s'il vous plaît. Je raffole des intérieurs.

— Venez, monsieur Mique, dit la Dauphine à son architecte, vous aurez l'occasion de recevoir quelques avis de Sa Majesté, qui s'entend si bien à tout.

Le roi marcha le premier, la Dauphine le suivit.

Ils montèrent le petit perron qui conduit à la chapelle, laissant de côté le passage des cours.

La porte de la chapelle est à gauche, à droite l'escalier, droit et simple, qui mène au corridor des logements.

— Qui demeure ici? demanda Louis XV.

— Mais personne encore, Sire.

— Voilà une clé sur la porte du premier logement.

— Ah ! c'est vrai, mademoiselle de Taverney se meuble aujourd'hui et emménage.

— Ici? fit le roi en désignant la porte.

— Oui, Sire.

— Et elle est chez elle ? N'entrons pas, alors.

— Sire, elle vient de descendre ; je l'ai

vue sous l'auvent de la petite cour des cuisines.

— Alors, montrez-moi ses logements comme échantillon.

— A votre désir, répliqua la Dauphine.

Et elle introduisit le roi dans l'unique chambre, précédée d'une antichambre et des deux cabinets.

Quelques meubles déjà rangés, des livres, un clavecin, attirèrent l'attention du roi, et surtout un énorme bouquet des plus belles fleurs, que mademoiselle de Taverney avait déjà mis dans une potiche du Japon.

— Ah ! dit le roi, les belles fleurs ; et vous voulez changer de jardin... Qui diable fournit vos gens de fleurs pareilles ?... En garde-t-on pour vous ?

— En effet, voilà un beau bouquet.

— Le jardinier soigne mademoiselle de Taverney... Qui est jardinier ici ?

— Je ne sais, Sire. M. de Jussieu se charge de me les fournir.

Le Roi donna un coup-d'œil curieux à

tout le logement, regarda encore à l'extérieur, dans les cours, et se retira.

Sa Majesté traversa le parc, et revint au Grand-Trianon; ses équipages l'attendaient pour une chasse en carrosse après le dîner, de trois à six heures du soir.

Le Dauphin mesurait toujours le soleil.

V

La conspiration se renoue.

Tandis que le roi, pour bien rassurer M. de Choiseul et ne pas perdre son temps à lui-même, se promenait ainsi dans Trianon en attendant la chasse, Luciennes était le centre d'une réunion de conspirateurs effarés qui arrivaient à tire-d'ailes auprès de madame Dubarry, comme des oiseaux qui ont senti la poudre du chasseur.

Jean et le maréchal de Richelieu, après s'être longtemps regardés avec humeur, avaient pris leur essor les premiers.

Les autres étaient les favoris ordinaires qu'une disgrâce certaine des-Choiseul avait affriandés, que le retour en faveur avait épouvantés, et qui, ne trouvant plus le ministre sous leur main pour s'accrocher à lui, revenaient machinalement à Luciennes pour voir si l'arbre était encore assez solide pour que l'on s'y cramponnât comme par le passé.

Madame Dubarry, après les fatigues de sa diplomatie et le triomphe trompeur qui l'avait couronnée, faisait la sieste lorsque le carrosse de Richelieu entra chez elle avec le bruit et la célérité d'un ouragan.

— Maîtresse Dubarry dort, dit Zamore sans se déranger.

Jean fit rouler Zamore sur le tapis, d'un grand coup de pied qu'il appliqua sur les broderies les plus larges de son habit de gouverneur.

Zamore poussa des cris perçants.

Chon accourut.

— Vous battez encore ce petit, vilain brutal? dit-elle.

— Et je vous extermine vous-même, poursuivit Jean avec des yeux qui flamboyaient, si vous ne réveillez pas la comtesse tout de suite.

Mais il n'était pas besoin de réveiller la comtesse : aux cris de Zamore, au grondement de la voix de Jean, elle avait senti un malheur et accourait enveloppée dans un peignoir.

— Qu'y a-t-il? demanda-t-elle effrayée de voir que Jean s'était vautré tout du long sur un sofa pour calmer les agitations de sa bile, et que le maréchal ne lui avait pas même baisé la main.

— Il y a, il y a, dit Jean, parbleu! il y a toujours le Choiseul.

— Comment!

— Oui, plus que jamais, mille tonnerres!

— Qu'est-ce que vous voulez dire?

— Monsieur le comte Dubarry a raison, continua Richelieu ; il y a plus que jamais Monsieur le duc de Choiseul.

La comtesse tira de son sein la petite lettre du roi.

— Et ceci ? dit-elle en souriant.

— Avez-vous bien lu ? comtesse, demanda le maréchal.

— Mais... je sais lire, duc, répondit madame Dubarry.

— Je n'en doute pas, madame, voulez-vous me permettre de lire aussi.

— Oh ! certainement ; lisez.

Le duc prit le papier, le développa lentement et lut :

« Demain, je remercierai M. de Choi-
« seul de ses services. Je m'y engage
« positivement.

« LOUIS. »

— Est-ce clair ? dit la comtesse.

— Parfaitement clair, répliqua le maréchal en faisant la grimace.

— Eh bien ! quoi ? dit Jean.

— Eh bien! c'est demain que nous aurons la victoire, rien n'est encore perdu.

— Comment, demain! mais le roi m'a signé cela hier. Or, demain, c'est aujourd'hui.

— Pardon, madame, dit le duc; comme il n'y a pas de date, demain sera toujours le jour qui suivra celui où vous voudrez voir M. de Choiseul à bas. Il y a, rue de la Grange-Batelière, à cent pas de chez moi, un cabaret dont l'enseigne porte ces mots écrits en lettres rouges : « Ici, on fait crédit demain. »
— Demain, c'est jamais.

— Le roi s'est moqué de nous, dit Jean furieux.

— C'est impossible, murmura la comtesse atterrée ; impossible ; une pareille supercherie est indigne....

— Ah ! madame, Sa Majesté est fort joviale, dit Richelieu.

— Il me le paiera, duc, continua la comtesse avec un accent de colère.

— Après cela, comtesse, il ne faut pas en vouloir au roi ; il ne faut pas accuser Sa Majesté de dol ou de fourberie ; non, le roi a tenu ce qu'il avait promis.

— Allons donc! fit Jean avec un tour d'épaules plus que peuple.

— Qu'a-t-il promis? cria la comtesse: de remercier le Choiseul?

— Et voilà précisément, madame; j'ai entendu, moi, Sa Majesté remercier positivement le duc de ses services. Le mot a deux sens; écoutez donc: en diplomatie, chacun prend celui qu'il préfère; vous avez choisi le vôtre, le roi a choisi le sien. De cette façon, le demain n'est plus même en litige; c'est bien aujourd'hui, à votre avis, que le roi devait tenir sa promesse: il l'a tenue. Moi qui vous parle, j'ai entendu le remerciment.

— Duc, ce n'est pas l'heure de plaisanter, je crois.

— Croyez-vous, par hasard, que je plaisante, comtesse? demandez au comte Jean.

— Non, par Dieu! nous ne rions pas. Ce matin, le Choiseul a été embrassé, cajolé, festoyé par le roi, et, à l'heure qu'il est, tous deux se promènent dans les Trianons, bras-dessus, bras-dessous.

— Bras-dessus, bras-dessous! répéta Chon, qui s'était glissée dans le cabinet, et qui leva ses bras blancs comme un nouveau modèle de la Niobé désespérée.

— Oui, j'ai été jouée, dit la comtesse; mais nous allons bien voir........ Chon, il faut d'abord contremander mon équipage de chasse, je n'irai pas.

— Bon! dit Jean.

— Un moment! s'écria Richelieu, pas de précipitation, pas de bouderie.... Ah! pardon, comtesse, je me permets de vous conseiller; pardon.

— Faites, duc, ne vous gênez pas; je crois que je perds la tête. Voyez ce qu'il en est : on ne veut pas faire de politique, et le jour où on s'en mêle, l'amour-propre vous y jette toute habillée...... Vous dites donc...

— Que bouder aujourd'hui n'est pas sage. Tenez, comtesse, la position est difficile. Si le roi tient décidément aux Choiseul, s'il se laisse influencer par sa Dauphine, s'il vous rompt ainsi en visière, c'est que...

— Eh bien?

— C'est qu'il faut devenir encore plus

aimable que vous n'êtes, comtesse. Je sais bien que c'est impossible; mais enfin, l'impossible devient la nécessité de notre situation : faites donc l'impossible!...

La comtesse réfléchit.

— Car enfin, continua le duc, si le roi allait adopter les mœurs allemandes!

— S'il allait devenir vertueux! exclama Jean, saisi d'horreur.

— Qui sait, comtesse, dit Richelieu, la nouveauté est chose si attrayante!

— Oh! quant à cela, répliqua la comtesse avec certain signe d'incrédulité, je ne crois pas.

— On a vu des choses plus extraordinaires, madame, et le proverbe du diable se faisant ermite.... Donc, il faudrait ne pas bouder.

— Il ne le faudrait pas.

— Mais j'étouffe de colère!

— Je le crois parbleu bien! étouffez, comtesse, mais que le roi, c'est-à-dire M. de Choiseul, ne s'en aperçoive pas;

étouffez pour nous, respirez pour eux.

— Et j'irais à la chasse?

— Ce serait fort habile!

— Et vous, duc?

— Oh! moi, dussé-je suivre la chasse à quatre pattes, je la suivrai.

— Dans ma voiture, alors! s'écria la comtesse, pour voir la figure que ferait son allié.

— Comtesse, répliqua le duc avec une

minauderie qui cachait son dépit, c'est
un si grand bonheur...

— Que vous refusez, n'est-ce pas?

— Moi? Dieu m'en préserve!

— Faites-y attention, vous vous compromettrez!

— Je ne veux pas me compromettre.

— Il l'avoue! il a le front de l'avouer! s'écria madame Dubarry.

— Comtesse! comtesse! M. de Choiseul ne me pardonnera jamais!

— Etes-vous donc déjà si bien avec M. de Choiseul?

— Comtesse! comtesse! je me brouillerai avec madame la Dauphine.

— Aimez-vous mieux que nous fassions chacun la guerre de notre côté, mais sans partage du résultat? il en est encore temps. Vous n'êtes pas compromis, et vous pouvez vous retirer encore de l'association.

— Vous me méconnaissez, comtesse, dit le duc en lui baisant la main. M'avez-vous vu hésiter, le jour de votre présentation, quand il s'est agi de vous trouver une robe, un coiffeur, une voiture? Eh bien! je n'hésiterai pas davantage aujourd'hui. Oh! je suis plus brave que vous ne croyez, comtesse.

— Alors, c'est convenu. Nous irons tous deux à la chasse, et ce me sera un prétexte pour ne voir personne, n'écouter personne et ne parler à personne.

— Pas même au roi?

— Au contraire, je veux lui dire des mignardises qui le désespéreront.

— Bravo! c'est de bonne guerre.

— Mais vous, Jean, que faites-vous ? voyons, sortez un peu de vos coussins, vous vous enterrez tout vif, mon ami.

— Ce que je fais ? vous voulez le savoir ?

— Mais oui, cela nous servira peut-être à quelque chose.

— Eh bien, je pense...

— A quoi ?

— Je pense qu'à cette heure-ci tous les chansonniers de la ville et du département nous travaillent sur tous les airs possibles; que les *Nouvelles à la main* nous déchiquetent comme chair à pâté; que le *Gazetier cuirassé* nous vise au défaut de la cuirasse; que le *Journal des observateurs* nous observe jusque dans la moelle des os; qu'enfin nous allons être demain dans un état à faire pitié, même à un Choiseul.

— Et vous concluez?....... demanda le duc.

— Je conclus que je vais courir à Paris pour acheter un peu de charpie et pas mal d'onguent, pour mettre sur toutes nos blessures. Donnez-moi de l'argent, petite sœur!

— Combien? demanda la comtesse.

— La moindre chose, deux ou trois cents louis.

— Vous voyez, duc! dit la comtesse en se tournant vers Richelieu, voilà déjà que je paie les frais de la guerre.

— C'est l'entrée en campagne, comtesse; semez aujourd'hui, vous recueillerez demain.

La comtesse haussa les épaules avec

un indescriptible mouvement, se leva,
alla à son chiffonnier, l'ouvrit, en tira
une poignée de billets de caisse, qu'elle
remit sans compter à Jean, lequel, sans
compter aussi, les empocha en poussant
un gros soupir.

— Puis, se levant, s'étirant, tordant
les bras comme un homme accablé de fatigue, Jean fit trois pas dans la chambre.

— Voilà, dit-il en montrant le duc et
la comtesse; ces gens-là vont s'amuser à
la chasse, tandis que moi je galoppe à
Paris; ils verront de jolis cavaliers et de
jolies femmes, moi je vais contempler les

hideuses faces des gratte-papiers. Décidément, je suis le chien de la maison.

— Notez, duc, fit la comtesse, qu'il ne va pas s'occuper de nous le moins du monde ; il va donner la moitié de mes billets à quelque drôlesse, et jouer le reste dans quelque tripot : voilà ce qu'il va faire, et il pousse des hurlements, le misérable ! Tenez, allez-vous-en, Jean, vous me faites horreur.

Jean dévalisa trois bonbonnières, qu'il vida dans ses poches, vola sur l'étagère une chinoise qui avait des yeux de diamants, et partit en faisant le gros dos, poursuivi par les cris nerveux de la comtesse.

— Quel charmant garçon, dit Richelieu, du ton qu'un parasite prend pour louer un de ces terribles enfants sur lequel il appelle tout bas la chute du tonnerre; il vous est bien cher....., n'est-ce pas, comtesse?

— Comme vous dites, duc, il a placé sa bonté sur moi, et elle lui rapporte trois ou quatre cent mille livres par an.

La pendule tinta.

— Midi et demi, comtesse, dit le duc;

heureusement que vous êtes presqu'habillée ; montrez-vous un peu à vos courtisans, qui croiraient qu'il y a éclipse, et montons vite en carrosse : vous savez comment se gouverne la chasse ?

— C'était convenu hier entre Sa Majesté et moi : on allait dans la forêt de Marly, et l'on me prenait en passant.

— Oh ! je suis bien sûr que le roi n'aura rien changé au programme.

— Maintenant, votre plan à vous, duc, car c'est à votre tour de le donner ?

— Madame, dès hier j'ai écrit à mon

neveu, qui, du reste, si j'en crois mes pressentiments, doit déjà être en route.

— M. d'Aiguillon ?

— Je serais bien étonné qu'il ne se croisât pas demain avec ma lettre; et qu'il ne fût pas ici demain ou après demain au plus tard.

— Et vous comptez sur lui ?

— Eh ! madame, il a des idées.

— N'importe qui, nous sommes bien malades ; le roi même céderait, mais il a une peur horrible des affaires,

— De sorte que...

— De sorte que je tremble qu'il ne consente jamais à sacrifier M. de Choiseul.

— Voulez-vous que je vous parle franc, comtesse ?

— Certainement.

— Eh bien! je ne le crois pas non plus. Le roi aura cent tours pareils à celui d'hier; Sa Majesté a tant d'esprit! Vous, de votre côté, comtesse, vous n'irez pas risquer de perdre son amour par un entêtement inconcevable.

— Dame! c'est à réfléchir.

— Vous voyez bien, comtesse, que M. de Choiseul est là pour une éternité; pour l'en déloger, il ne faudrait rien moins qu'un miracle.

— Oui, un miracle, répéta Jeanne.

— Et malheureusement les hommes n'en font plus, répondit le duc.

— Oh! répliqua madame Dubarry, j'en connais un qui en fait encore, moi.

— Vous connaissez un homme qui fait des miracles, comtesse?

— Ma foi, oui.

— Et vous ne m'avez pas dit cela?

— J'y pense à cette heure seulement, duc.

— Croyez-vous ce gaillard-là capable de nous tirer d'affaire?

— Je le crois capable de tout.

— Oh! oh! et quel miracle a-t-il opéré? dites-moi un peu cela, comtesse, que je juge par l'échantillon.

— Duc, dit madame Dubarry en se

rapprochant de Richelieu et en baissant la voix malgré elle, c'est un homme qui, il y a dix ans, m'a rencontrée sur la place Louis XV et m'a dit que je serais reine de France.

— En effet, c'est miraculeux, et cet homme-là serait capable de me prédire que je mourrai premier ministre.

— N'est-ce pas?

— Oh! je n'en doute pas un seul instant. — Comment l'appelez-vous?

— Son nom ne vous apprendra rien.

— Où est-il ?

— Ah ! voilà ce que j'ignore.

— Il ne vous a pas donné son adresse ?

— Non. Il devait venir lui-même chercher sa récompense.

— Que lui aviez-vous promis ?

— Tout ce qu'il me demanderait.

— Et il n'est pas venu ?

— Non.

— Comtesse, voilà qui est plus miraculeux que sa prédiction. Décidément, il nous faut cet homme.

— Mais comment faire ?

— Son nom, comtesse, son nom ?

— Il en a deux.

— Procédons par ordre : le premier ?

— Le comte de Fœnix.

— Comment, cet homme que vous m'avez montré le jour de votre présentation ?

— Justement.

— Ce Prussien ?

— Ce Prussien.

— Oh ! je n'ai plus de confiance. Tous les sorciers que j'ai connus avaient des noms qui finissaient en *i* ou en *o*.

— Cela tombe à merveille, duc, son second nom finit à votre guise.

— Comment s'appelle-t-il ?

— Joseph Balsamo.

— Enfin, n'auriez-vous aucun moyen de le retrouver?

— J'y vais rêver, duc. Je crois que je sais quelqu'un qui le connaît.

— Bon. Mais hâtez-vous, comtesse. Voici les trois quarts avant une heure.

— Je suis prête. Mon carrosse.

Dix minutes après, madame Dubarry et M. le duc de Richelieu couraient côte à côte à la rencontre de la chasse.

VI

La chasse au sorcier.

Une longue file de carrosses encombrait les avenues de la forêt de Marly, où le roi chassait.

C'était ce que l'on appelait une chasse d'après-midi.

En effet, Louis XV, dans les derniers temps de sa vie, ne chassait plus ni à tir, ni à courre. Il se contentait de regarder chasser.

Ceux de nos lecteurs qui ont lu Plutarque, se rappelleront peut-être ce cuisinier de Marc-Antoine qui mettait d'heure en heure un sanglier à la broche, afin que, parmi les cinq ou six sangliers qui rôtissaient, il s'en trouvât toujours un cuit à point pour le moment précis où Marc-Antoine se mettrait à table.

C'est que Marc-Antoine, dans son gouvernement de l'Asie-Mineure, avait des affaires à foison : il rendait la justice, et, comme les Ciliciens sont de grands voleurs, le fait est constaté par Juvénal, Marc-Antoine était fort préoccupé. Il avait donc toujours cinq ou six rôtis étagés à la broche, pour le moment où par hasard ses fonctions de juge lui laisseraient le temps de manger un morceau.

Or, il en était de même chez Louis XV. Pour les chasses de l'après-midi, il avait deux ou trois daims lancés à deux ou trois heures différentes, et, selon la disposition où il était, il choisissait un hallali prompt ou éloigné.

Ce jour-là, Sa Majesté avait déclaré qu'elle chasserait jusqu'à quatre heures. On avait donc choisi un daim lancé depuis midi, et qui promettait d'aller jusque-là.

De son côté, madame Dubarry se promettait de suivre le roi, aussi fidèlement que le roi avait promis de suivre le daim.

Mais les veneurs proposent et le hasard dispose. Une combinaison du hasard changea ce beau projet de madame Dubarry.

La comtesse avait trouvé dans le hasard un adversaire presqu'aussi capricieux qu'elle.

Tandis que tout en causant politique avec M. de Richelieu la comtesse courait après Sa Majesté, laquelle de son côté courait après le daim, et que le duc et elle renvoyaient une portion des saluts qu'ils rencontraient en chemin, ils aperçurent tout-à-coup, à une cinquantaine de pas de la route, sous un admirable dais de verdure, une pauvre calèche brisée qui tournait piteusement ses deux roues du côté du ciel, tandis que les deux chevaux noirs qui eussent dû la traîner rongeaient paisiblement, l'un l'écorce d'un hêtre, l'autre la mousse qui s'étendait à ses pieds.

Les chevaux de madame Dubarry, magnifique attelage donné par le roi, avaient distancé, comme on dit aujourd'hui, toutes les autres voitures, et étaient arrivés les premiers en vue de cette calèche brisée.

— Tiens, un malheur! fit tranquillement la comtesse.

— Ma foi, oui! fit le duc de Richelieu avec le même flegme, car à la cour on use peu de sensiblerie; ma foi, oui, la calèche est en morceaux.

— Est-ce un mort que je vois là-bas sur l'herbe? demanda la comtesse. Regardez donc, duc.

— Je ne le crois pas, cela remue.

— Est-ce un homme, ou une femme?

— Je ne sais trop. J'y vois fort mal.

— Tiens, cela salue.

— Alors, cela n'est pas mort.

— Et Richelieu à tout hasard leva son tricorne.

— Et mais, comtesse, dit-il, il me semble...

— Et à moi aussi.

— Que c'est Son Éminence le prince Louis.

— Le cardinal de Rohan en personne.

— Que diable fait-il là? demanda le duc.

— Allons voir répondit la comtesse. Champagne, à la voiture brisée, allez.

Le cocher de la comtesse quitta aussitôt la route et s'enfonça sous la futaie.

— Ma foi, oui, c'est monseigneur le cardinal, dit Richelieu.

C'était en effet Son Éminence qui s'était couchée sur l'herbe, en attendant qu'il passât quelqu'un de connaissance.

En voyant madame Dubarry venir à lui, il se leva.

— Mille respects à madame la comtesse, dit-il.

— Comment, cardinal, vous ?

— Moi-même.

— A pied ?

— Non, assis.

— Seriez-vous blessé ?

— Pas le moins du monde.

— Et par quel hasard en cet état ?

— Ne m'en parlez pas, madame : c'est cette brute de cocher, un faquin que j'ai fait venir d'Angleterre, à qui je dis de couper à travers bois pour rejoindre la chasse, et qui tourne si court qu'il me verse, et en me versant il me brise ma meilleure voiture.

— Ne vous plaignez point, cardinal, dit la comtesse ; un cocher français vous eût rompu le cou, ou tout au moins brisé les côtes.

— C'est peut-être vrai.

— Consolez-vous donc.

— Oh ! j'ai de la philosophie, comtesse ; seulement, je vais être obligé d'attendre, et c'est mortel.

— Comment, prince, d'attendre ! un Rohan attendrait !

— Il le faut bien.

— Ma foi, non ; je descendrais plutôt de mon carrosse que de vous laisser là.

— En vérité, madame, vous me rendez honteux.

— Montez, prince, montez.

— Non, merci, madame, j'attends Soubise, qui est de la chasse, et qui ne peut manquer de passer d'ici à quelques instants.

— Mais, s'il a pris une autre route ?

— N'importe.

— Monseigneur, je vous en prie.

— Non, merci.

— Mais pourquoi donc ?

— Je ne veux point vous gêner.

— Cardinal, si vous refusez de monter, je fais prendre ma queue par un valet de pied, et je cours dans les bois comme une dryade.

Le cardinal sourit, et, songeant qu'une plus longue résistance pouvait être mal interprétée par la comtesse, il se décida à monter dans son carrosse.

Le duc avait déjà cédé sa place au fond, et s'était installé sur la banquette de devant.

Le cardinal se mit à marchander les honneurs, mais le duc fut inflexible.

Bientôt les chevaux de la comtesse eurent regagné le temps perdu.

— Pardon, monseigneur, dit la comtesse au cardinal, mais Votre Éminence s'est donc raccommodée avec la chasse ?

— Comment cela ?

— C'est que je vous vois pour la première fois prendre part à cet amusement.

— Non pas, comtesse. Mais j'étais venu à Versailles pour avoir l'honneur de présenter mes hommages à Sa Majesté, quand j'ai appris qu'elle était en chasse ; — j'avais à lui parler d'une affaire pressée ; — je me suis mis à sa poursuite ; — mais, grâce à ce maudit cocher, je manquerai non-seulement l'oreille du roi, mais encore mon rendez-vous en ville.

— Voyez-vous, madame, dit le duc en riant, monseigneur vous avoue nettement les choses...; monseigneur a un rendez-vous.

— Que je manquerai, je le répète, répliqua l'Éminence.

— Est-ce qu'un Rohan, un prince, un cardinal, manque quelque chose? dit la comtesse.

— Dame! fit le prince, à moins d'un miracle.

Le duc et la comtesse se regardèrent, ce mot leur rappelait un souvenir récent.

— Ma foi! prince, dit la comtesse, puisque vous parlez de miracle, je vous avouerai franchement une chose, c'est que je suis bien aise de rencontrer un prince de l'Église pour lui demander s'il y croit.

— A quoi, madame?

— Aux miracles, parbleu! dit le duc.

— Les écritures nous en font un article de foi, madame, dit le cardinal essayant de prendre un air croyant.

— Oh! je ne parle pas des miracles anciens, repartit la comtesse.

— Et de quels miracles parlez-vous donc, madame?

— Des miracles modernes.

— Ceux-ci, je l'avoue sont plus rares, dit le cardinal. Cependant...

— Cependant, quoi?

— Ma foi! j'ai vu des choses qui, si elles n'étaient pas miraculeuses, étaient au moins fort incroyables.

— Vous avez vu de ces choses-là, prince ?

— Sur mon honneur.

— Mais vous savez bien, madame, dit Richelieu en riant, que Son Éminence passe pour être en relation avec les esprits, ce qui n'est peut-être pas fort orthodoxe.

— Non, mais ce qui doit être fort commode, dit la comtesse.

— Et qu'avez-vous vu, prince ?

— J'ai juré le secret.

— Oh! oh! voilà qui devient plus grave.

— C'est ainsi, madame.

— Mais si vous avez promis le secret sur la sorcellerie, peut-être ne l'avez-vous point promis sur le sorcier?

— Non.

— Eh bien! prince, il faut vous dire que le duc et moi nous sommes sortis pour nous mettre en quête d'un magicien quelconque.

— Vraiment.

— D'honneur.

— Prenez le mien.

— Je ne demande pas mieux.

— Il est à votre service, comtesse.

— Et au mien aussi, prince?

— Et au vôtre aussi, duc.

— Comment s'appelle-t-il?

— Le comte de Fœnix.

Madame Dubarry et le duc se regardèrent tous deux en pâlissant.

— Voilà qui est bizarre, dirent-ils ensemble.

— Est-ce que vous le connaissez? demanda le prince.

— Non. Et vous le tenez pour sorcier?

— Plutôt deux fois qu'une.

— Vous lui avez parlé?

— Sans doute.

— Et vous l'avez trouvé...?

— Parfait.

— A quelle occasion?

— Mais...

Le cardinal hésita :

— A l'occasion de ma bonne aventure, que je me suis fait dire par lui.

— Et il a deviné juste?

— C'est-à-dire qu'il m'a raconté des choses de l'autre monde.

— Il n'a point un autre nom que celui de comte de Fœnix ?

— Si fait : je l'ai entendu appeler encore...

— Dites, monseigneur, fit la comtesse avec impatience.

— Joseph Balsamo, madame.

La comtesse joignit les mains en regardant Richelieu. Richelieu se gratta le bout du nez en regardant la comtesse.

— Est-ce bien noir, le diable ? demanda tout-à-coup madame Dubarry.

— Le diable, comtesse; mais je ne l'ai pas vu.

— Que lui dites-vous donc là, comtesse? s'écria Richelieu. Voilà, pardieu! une belle société pour un cardinal.

— Est-ce que l'on vous dit la bonne aventure sans vous montrer le diable, demanda la comtesse.

— Oh! certainement, dit le cardinal; on ne montre le diable qu'aux gens de peu; pour nous, on s'en passe.

— Enfin, dites ce que vous voudrez,

prince, continua madame Dubarry; il y a toujours un peu de diablerie là-dessous.

— Dame! je le crois.

— Des feux verts, n'est-ce pas? Des spectres, des casseroles infernales qui puent le brûlé abominablement.

— Mais non, mais non; mon sorcier a d'excellentes manières; c'est un fort galant homme, et qui reçoit très bien au contraire.

— Est-ce que vous ne vous ferez pas

tirer votre horoscope par ce sorcier-là, comtesse? demanda Richelieu.

— J'en meurs d'envie, je l'avoue.

— Faites, madame.

— Mais où cela se passe-t-il? demanda madame Dubarry, espérant que le cardinal allait lui donner l'adresse qu'elle cherchait.

— Dans une belle chambre fort coquettement meublée.

La comtesse avait peine à cacher son impatience.

— Bon, dit-elle ; mais la maison ?

— Maison décente, quoique d'architecture singulière.

La comtesse trépignait de dépit, d'être si peu comprise.

Richelieu vint à son secours.

— Mais vous ne voyez donc pas, monseigneur, dit-il, que madame enrage de ne point savoir encore où demeure votre sorcier.

— Où il demeure, avez-vous dit ?

— Oui.

— Ah! fort bien, répliqua le cardinal. Eh! ma foi, attendez donc... non... si... non. C'est au Marais, presque au coin du boulevard, rue Saint-François, Saint-Anastase; non. C'est un nom de saint toujours.

— Mais quel saint, voyons, vous qui devez les connaître tous?

— Non, ma foi! au contraire; je les connais fort peu, dit le cardinal; mais attendez donc, mon drôle de laquais doit savoir cela, lui.

— Justement, dit le duc, on l'a pris derrière. Arrêtez, Champagne, arrêtez.

Et le duc tira le cordon qui correspondait au petit doigt du cocher.

Le cocher arrêta court sur leurs jarrets nerveux les chevaux frémissants.

— Olive, dit le cardinal, es-tu là, drôle ?

— Oui, monseigneur.

— Où donc ai-je été un soir, au Marais, bien loin ?

Le laquais avait parfaitement entendu la conversation, mais il n'eut garde de paraître instruit.

— Au Marais, dit-il, ayant l'air de chercher.

— Oui, près du boulevard.

— Quel jour, monseigneur?

— Un jour que je revenais de Saint-Denis.

— De Saint-Denis? reprit Olive, pour se faire valoir et se donner un air plus naturel.

— Eh! oui, de Saint-Denis, la voiture m'attendit au boulevard, je crois.

— Fort bien, monseigneur, fort bien, dit Olive, un homme vint même jeter dans la voiture un paquet fort lourd, je me rappelle maintenant.

— C'est possible, répondit le cardinal; mais qui te parle de cela, animal?

— Que désire donc monseigneur?

— Savoir le nom de la rue.

— Rue Saint-Claude! monseigneur.

— Claude, c'est cela! s'écria le cardinal. J'eusse parié pour un nom de saint.

— Rue Saint-Claude! répéta la comtesse en lançant à Richelieu un regard si expressif que le maréchal, craignant toujours de laisser approfondir ses secrets, surtout lorsqu'il s'agissait de conspiration, interrompit madame Dubarry par ces mots :

— Eh! comtesse, le roi.

— Où!

— Là-bas.

— Le roi, le roi ! s'écria la comtesse ; à gauche, Champagne, à gauche, que Sa Majesté ne nous voie pas.

— Et pourquoi cela, comtesse ? dit le cardinal effaré. Je croyais, au contraire, que vous me conduisiez près de Sa Majesté.

— Ah ! c'est vrai, vous avez envie de voir le roi, vous ?

— Je ne viens que pour cela, madame.

— Eh bien ! l'on va vous conduire au roi.

— Mais vous ?

— Nous, nous restons ici.

— Cependant, comtesse...

— Pas de gêne, prince, je vous en supplie ; chacun à son affaire. Le roi est là-bas, sous ce bosquet de châtaigniers, vous avez affaire au roi, à merveille ; Champagne !

Champagne arrêta court.

— Champagne, laissez-nous descendre, et menez son Éminence au roi.

— Quoi! seul, comtesse?

— Vous demandiez l'oreille du roi, monsieur le cardinal.

— C'est vrai.

— Eh bien! vous l'aurez tout entière.

— Ah! cette bonté me comble.

Et le prélat baisa galamment la main de madame Dubarry.

— Mais vous-même, où vous retirez-vous, madame? demanda-t-il.

— Ici, sous ces glandées.

— Le roi vous cherchera.

— Tant mieux.

— Il sera fort inquiet de ne pas vous voir.

— Et cela le tourmentera, c'est ce que je désire.

— Vous êtes adorable, comtesse.

— C'est justement ce que me dit le roi quand je l'ai tourmenté. Champagne, quand vous aurez conduit Son Éminence, vous reviendrez au galop.

— Oui, madame la comtesse.

— Adieu, duc, fit le cardinal.

— Au revoir, monseigneur, répondit le duc.

Et le valet ayant abaissé le marche-pied, le duc mit pied à terre avec la comtesse, légère comme une échappée de couvent, tandis que le carrosse voiturait rapidement son Éminence vers le tertre où Sa Majesté très chrétienne cherchait avec ses mauvais yeux, cette méchante comtesse que tout le monde avait vue excepté lui.

Madame Dubarry ne perdit pas de temps. Elle prit le bras du duc, et, l'entraînant dans le taillis :

— Savez-vous, dit-elle, que c'est Dieu qui nous l'a envoyé, ce cher cardinal !

— Pour se débarrasser un instant de lui, je comprends cela, répondit le duc.

— Non ; pour nous mettre sur la trace de notre homme.

— Alors nous allons aller chez lui.

— Je le crois bien. — Seulement...

— Quoi? comtesse.

— J'ai peur, je l'avoue.

— De qui?

— Du sorcier, donc. Oh! je suis fort crédule, moi.

— Diable!

— Et vous, croyez-vous aux sorciers?

— Dame! je ne dis pas non, comtesse.

— Mon histoire de la prédiction.

— C'est un fait. — Et moi-même, dit le vieux maréchal en se frottant l'oreille.

— Eh bien! vous?

— Moi-même. J'ai connu certain sorcier.

— Bah!

— Qui m'a rendu un jour un très grand service.

— Quel service, duc ?

— Il m'a ressuscité.

— Ressuscité ! vous !

— Certainement, j'étais mort, rien que cela.

— Contez-moi la chose, duc ?

— Cachons-nous, alors.

— Duc, vous êtes horriblement poltron.

— Mais non. Je suis prudent, voilà tout.

— Sommes-nous bien ici?

— Je le crois.

— Eh bien! l'histoire, l'histoire.

— Voilà. — J'étais à Vienne. — C'était du temps de mon ambassade. — Je reçus le soir, sous un réverbère, un grand coup d'épée tout au travers du corps. C'était une épée de mari, chose malsaine en diable. Je tombai. On me ramassa; j'étais mort.

— Comment, vous étiez mort.

— Ma foi, oui, ou peu s'en faut. — Passe un sorcier qui demande quel est cet homme que l'on porte en terre. — On lui dit que c'est moi. — Il fait arrêter le brancard, il me verse trois gouttes de je ne sais quoi sur la blessure, trois autres gouttes sur les lèvres. Le sang s'arrête, la respiration revient, les yeux se rouvrent, et je suis guéri.

— C'est un miracle de Dieu, duc.

— Voilà justement ce qui m'effraie ; c'est qu'au contraire je crois, moi, que c'est un miracle du diable.

— C'est juste, maréchal. Dieu n'aurait pas sauvé un garnement de votre espèce : à tout seigneur, tout honneur. Et vit-il, votre sorcier ?

— J'en doute ; à moins qu'il n'ait trouvé l'or potable.

— Comme vous, maréchal ?

— Vous croyez donc à ces contes ?

— Je crois à tout.

— Il était vieux ?

— Mathusalem en personne.

— Et il se nommait?

— Ah! d'un nom grec magnifique, Althotas.

— Oh! que voilà un terrible nom, maréchal.

— N'est-ce pas, madame?

— Duc, voilà le carrosse qui revient.

— A merveille.

— Sommes-nous décidés?

— Ma foi, oui.

— Nous allons à Paris ?

— A Paris.

— Rue Saint-Claude ?

— Si vous le voulez bien... Mais le roi qui attend.

— C'est ce qui me déciderait, duc, si je n'étais déjà décidée. Il m'a tourmentée ; à ton tour de rager, la France !

— Mais il va vous croire enlevée, perdue.

— D'autant mieux qu'on m'a vue avec vous, maréchal.

— Tenez, comtesse, je vais être franc à mon tour : j'ai peur.

— De quoi ?

— J'ai peur que vous ne racontiez cela à quelqu'un, et que l'on ne se moque de moi.

— Alors on se moquera de nous deux, puisque j'y vais avec vous.

— Au fait, comtesse, vous me décidez. D'ailleurs, si vous me trahissez, je dis...

— Que dites-vous ?

— Je dis que vous êtes venue avec moi, en tête-à-tête.

— On ne vous croira pas, duc.

— Eh! eh! comtesse, si Sa Majesté n'était pas là.

— Champagne! Champagne! ici, derrière ce buisson, qu'on ne nous voie pas. Germain, la portière. C'est cela. Maintenant, à Paris, rue Saint-Claude, au Marais, et brûlons le pavé.

VII

Le courrier.

Il était six heures du soir.

Dans cette chambre de la rue Saint-Claude, où nous avons déjà introduit nos lecteurs, Balsamo était assis près de Lorenza éveillée, et essayait par la persuasion d'adoucir cet esprit rebelle à toutes les prières.

Mais la jeune femme le regardait de travers, comme Didon regardait Énée prêt à partir, ne parlait que pour faire des reproches, et n'étendait la main que pour repousser.

Elle se plaignait d'être prisonnière, d'être esclave, et de ne plus respirer, de ne plus voir le soleil. Elle enviait le sort des plus pauvres créatures, des oiseaux, des fleurs. Elle appelait Balsamo son tyran.

Puis, passant du reproche à la colère,

elle mettait en lambeaux les riches étoffes que son mari lui avait données pour égayer par des semblants de coquetterie la solitude qu'il lui imposait.

De son côté, Balsamo lui parlait avec douceur et la regardait avec amour. On voyait que cette faible et irritable créature prenait une énorme place dans son cœur sinon dans sa vie.

— Lorenza, lui disait-il, mon enfant chéri, pourquoi montrer cet esprit d'hostilité et de résistance ? Pourquoi ne pas vivre avec moi, qui vous aime au-delà de toute expression, comme une compagne douce et dévouée? Alors vous n'auriez plus rien à désirer ; alors vous seriez libre de vous épanouir au soleil comme ces fleurs dont vous parliez tout-à-l'heure, d'étendre vos ailes comme ces oiseaux dont vous enviez le sort ; alors nous irions tous deux partout ensemble ; alors vous reverriez non-seulement ce soleil qui vous charme tant, mais les soleils factices des hommes, ces assemblées où vont les femmes de ce pays ; vous seriez heureuse selon vos goûts, en me rendant heureux à ma manière. Pourquoi ne voulez-vous pas de ce bonheur, Lorenza, qui, avec votre beauté, votre richesse, rendrait tant de femmes jalouses ?

— Parce que vous me faites horreur, répondit la fière jeune femme.

Balsamo attacha sur Lorenza un regard empreint à la fois de colère et de pitié.

— Vivez donc ainsi que vous vous condamnez à vivre, dit-il, et puisque vous êtes si fière, ne vous plaignez pas.

— Je ne me plaindrais pas non plus, si vous me laissiez seule, je ne me plaindrais pas si vous ne vouliez point me forcer à vous parler. Restez hors de ma présence, ou, quand vous viendrez dans ma prison, ne me dites rien, et je ferai comme ces pauvres oiseaux du sud que l'on tient en cage : ils meurent mais ils ne chantent pas.

Balsamo fit un effort sur lui-même.

— Allons, Lorenza, dit-il, de la douceur, de la résignation ; lisez donc une fois dans mon cœur, dans un cœur qui vous aime au-dessus de toute chose. Voulez-vous des livres ?

— Non.

— Pourquoi cela ? des livres vous distrairont.

— Je veux prendre un tel ennui que j'en meure.

Balsamo sourit ou plutôt essaya de sourire.

— Vous êtes folle, dit-il, vous savez bien que vous ne mourrez pas tant que je serai là pour vous soigner, et vous guérir si vous tombez malade.

— Oh! s'écria Lorenza, vous ne me guérirez pas le jour où vous me trouverez étranglée aux barreaux de ma fenêtre avec cette écharpe.

Balsamo frissonna.

— Le jour, continua-t-elle exaspérée, où j'aurai ouvert ce couteau et où je me le serai plongé dans le cœur.

Balsamo, pâle et couvert d'une sueur glacée, regarda Lorenza, et, d'une voix menaçante :

— Non, dit-il, Lorenza, vous avez raison, ce jour-là je ne vous guérirai point, je vous ressusciterai.

Lorenza poussa un cri d'effroi : elle ne connaissait pas de bornes au pouvoir de Balsamo ; elle crut à sa menace.

Balsamo était sauvé.

Tandis qu'elle s'abîmait dans cette nouvelle cause de son désespoir, qu'elle n'avait pas prévue, et que sa raison vacillante se voyait enfermée dans un cercle infranchissable de tortures, la sonnette d'appel agitée par Fritz retentit à l'oreille de Balsamo.

Elle tinta trois fois rapidement et à coups égaux.

— Un courrier, dit-il.

Puis, après un court intervalle, un autre coup retentit.

— Et pressé, dit-il.

— Ah ! fit Lorenza, vous allez donc me quitter !

Il prit la main froide de la jeune femme.

— Encore une fois, dit-il, et la dernière, vivons en bonne intelligence, vivons fraternellement, Lorenza, puisque la destinée nous a liés l'un à l'autre, faisons-nous de la destinée une amie et non un bourreau.

Lorenza ne répondit rien. Son œil fixe et morne semblait chercher dans l'infini une pensée qui lui échappait éternellement, et qu'elle ne trouvait plus peut-être pour l'avoir trop poursuivie, comme il arrive à ceux dont la vue a trop ardemment sollicité la lumière après avoir vécu dans les ténèbres et que le soleil a aveuglés.

Balsamo lui prit la main et la lui baisa sans qu'elle donnât signe d'existence.

Puis il fit un pas vers la cheminée.

A l'instant même, Lorenza sortit de sa torpeur et fixa avidement ses yeux sur lui.

— Oui, murmura-t-il, tu veux savoir

par où je sors, pour sortir un jour après moi, pour fuir comme tu m'en as menacé; et voilà pourquoi tu te réveilles, voilà pourquoi tu me suis du regard.

Et, passant sa main sur son front, comme s'il s'imposait à lui-même une contrainte pénible, il étendit cette même main vers la jeune femme, et d'un ton impératif, en lui lançant son regard et son geste comme un trait vers la poitrine et les yeux :

— Dormez, dit-il.

Cette parole était à peine prononcée,

que Lorenza plia comme une fleur sur sa tige ; sa tête, vacillante un instant, s'inclina et alla s'appuyer sur le coussin du sofa. Ses mains, d'une blancheur mate, glissèrent à ses côtés, en effleurant sa robe soyeuse.

Balsamo s'approcha, la voyant si belle, et appuya ses lèvres sur ce beau front.

Alors toute la physionomie de Lorenza s'éclaircit, comme si un souffle sorti des lèvres de l'amour même avait écarté de son front le nuage qui le couvrait. Sa bouche s'entr'ouvrit frémissante, ses yeux nagèrent dans de voluptueuses larmes, et elle soupira comme durent soupirer ces anges qui, aux premiers jours de la création, se prirent d'amour pour les enfants des hommes.

Balsamo la regarda un instant, comme un homme qui ne peut s'arracher à sa contemplation; puis, comme le timbre retentissait de nouveau, il s'élança vers la cheminée, poussa un ressort, et disparut derrière les fleurs.

Fritz l'attendait au salon avec un homme vêtu d'une veste de coureur et chaussé de bottes épaisses armées de longs éperons.

La physionomie vulgaire de cet homme annonçait un homme du peuple, son œil seul recélait une parcelle de feu sacré qu'on eût dit lui avoir été communiquée par une intelligence supérieure à la sienne.

Sa main gauche était appuyée sur un fouet court et noueux, tandis que sa main droite figurait des signes que Balsamo, après un court examen, reconnut, et auxquels, muet lui-même, il répondit en effleurant son front du doigt indicateur.

La main du postillon monta aussitôt à sa poitrine, où elle traça un nouveau caractère qu'un indifférent n'eût pas reconnu, tant il ressemblait au geste que l'on fait pour attacher un bouton.

A ce dernier signe, le maître répondit par l'exhibition d'une bague qu'il portait au doigt.

Devant ce symbole redoutable, l'envoyé plia un genou.

— D'où viens-tu ? dit Balsamo.

— De Rouen, maître.

— Que fais-tu?

— Je suis courrier au service de madame de Grammont.

— Qui t'a placé chez elle ?

— La volonté du grand Cophte.

— Quel ordre as-tu reçu en entrant à son service ?

— De n'avoir pas de secret pour le maître.

— Où vas-tu ?

— A Versailles.

— Qu'y portes-tu?

— Une lettre.

— A qui?

— Au ministre.

— Donne.

Le courrier tendit à Balsamo une lettre qu'il venait de tirer d'un sac de cuir attaché derrière son dos.

— Dois-je attendre? demanda-t-il.

— Oui.

— J'attends.

— Fritz.

L'Allemand parut.

— Cache Sébastien dans l'office.

— Oui, maître.

— Il sait mon nom, murmura l'adepte avec une superstitieuse frayeur.

— Il sait tout, lui répliqua Fritz en l'entraînant.

— Balsamo resta seul : il regarda le cachet bien pur et bien profond de cette lettre que le coup-d'œil suppliant du courrier semblait lui avoir recommandé de respecter le plus possible.

Puis, lent et pensif, il remonta vers la chambre de Lorenza et ouvrit la porte de communication.

Lorenza dormait toujours, mais fatiguée, mais énervée par l'inaction. Il lui prit la main qu'elle serra convulsivement, et appliqua sur son cœur la lettre du courrier toute cachetée qu'elle était.

— Voyez-vous ? lui dit-il.

— Oui, je vois, répondit Lorenza.

— Quel est l'objet que je tiens à la main ?

— Une lettre.

— Pouvez-vous la lire ?

— Je le puis.

— Lisez-la donc alors.

Alors, Lorenza, les yeux fermés, la poitrine haletante, récita mot à mot les lignes suivantes, que Balsamo écrivait sous sa dictée à mesure qu'elle parlait.

« Cher frère,

« Comme je l'avais prévu, mon exil nous sera au moins bon à quelque chose. J'ai quitté ce matin le président de Rouen; il est à nous, mais timide. Je l'ai pressé en votre nom. Il se décide enfin, et les remontrances de sa compagnie seront avant huit jours à Versailles.

« Je pars immédiatement pour Rennes, afin d'activer un peu Karadeuc et la Chalotais qui s'endorment.

« Notre agent de Caudebec se trouvait à Rouen. Je l'ai vu. L'Angleterre ne s'arrêtera pas en chemin; elle prépare une verte notification au cabinet de Versailles.

« X.... m'a demandé s'il fallait la produire. J'ai autorisé. Vous recevrez les derniers pamphlets de Thévenot, de Morande et de Delille contre la Dubarry. Ce sont des pétards qui feraient sauter une ville !

« Une mauvaise rumeur m'était venue, il y avait de la disgrâce dans l'air. Mais vous ne m'avez pas encore écrit, et j'en ris. Cependant, ne me laissez pas dans le doute, et répondez-moi courrier par courrier. Votre message me trouvera à Caen, où j'ai quelques-uns de nos messieurs à pratiquer.

« Adieu, je vous embrasse.

« DUCHESSE DE GRAMMONT. »

Lorenza s'arrêta après cette lecture.

— Vous ne voyez rien autre chose? demanda Balsamo.

— Je ne vois rien.

— Pas de Post-Scriptum?

— Non.

Balsamo, dont le front s'était déridé à mesure qu'il lisait, reprit à Lorenza la lettre de la duchesse.

— Pièce curieuse, dit-il, que l'on me paierait bien cher.

— Oh! comment écrit-on de pareilles choses! s'écria-t-il. Oui, ce sont les femmes qui perdent toujours les hommes supérieurs. Ce Choiseul n'a pu être renversé par une armée d'ennemis, par un monde d'intrigues, et voilà que le souffle d'une femme l'écrase en le caressant. Oui, nous périssons tous par la trahison ou la faiblesse des femmes... Si nous avons un cœur, et dans ce cœur une fibre sensible, nous sommes perdus.

Et en disant ces mots, Balsamo regardait avec une tendresse inexprimable Lorenza palpitante sous ce regard.

— Est-ce vrai, lui dit-il ce que je pense ?

— Non, non, ce n'est pas vrai, répliqua-t-elle ardemment. Tu vois bien que je t'aime trop, moi, pour te nuire comme toutes ces femmes sans raison et sans cœur.

Balsamo se laissa enlacer par les bras de son enchanteresse.

Tout-à-coup un double tintement de la sonnette de Fritz résonna deux fois.

— Deux visites, dit Balsamo.

Un violent coup de sonnette acheva la phrase télégraphique de Fritz.

— Importantes! continua le maître.

Et, se dégageant des bras de Lorenza, il sortit de la chambre, laissant la jeune femme toujours endormie.

Balsamo rencontra le courrier sur son chemin; il attendait les ordres du maître.

— Voici la lettre, dit-il.

— Qu'en faut-il faire ?

— La remettre à son adresse.

— C'est tout ?

— C'est tout.

L'adepte regarda l'enveloppe et le cachet, et les voyant aussi intacts qu'il les avait apportés, manifesta sa joie et disparut dans les ténèbres.

— Quel malheur de ne pas garder un

pareil autographe, dit Balsamo, et quel malheur surtout de ne pas pouvoir le faire passer par des mains sûres entre les mains du roi.

Fritz apparut alors devant lui.

— Qui est-là ? demanda-t-il.

— Une femme et un homme.

— Sont-ils déjà venus ici ?

— Non.

— Les connais-tu ?

— Non.

— La femme est-elle jeune ?

— Jeune et jolie.

— L'homme ?

— Soixante à soixante-cinq ans.

— Où sont-ils ?

— Dans le salon.

Balsamo entra.

VIII

Évocation.

La comtesse avait complètement caché son visage sous une mante; comme elle avait eu le temps de passer à l'hôtel de famille, son costume était celui d'une petite bourgeoise.

Elle était venue en fiacre avec le maréchal, qui, plus timide, s'était habillé de gris, comme un valet supérieur de bonne maison.

— Monsieur le comte, dit madame Dubarry, me reconnaissez-vous?

— Parfaitement, madame la comtesse.

Richelieu restait en arrière.

— Veuillez vous asseoir, madame, et vous aussi, monsieur.

— Monsieur est mon intendant, dit la comtesse.

— Vous faites erreur, madame, répliqua Balsamo en s'inclinant, monsieur est M. le maréchal duc de Richelieu, que je reconnais à merveille, et qui serait bien ingrat s'il ne me reconnaissait pas.

— Comment cela? demanda le duc tout déferré, comme dirait Tallemant des Réaux.

— Monsieur le duc, on doit un peu de reconnaissance à ceux qui nous ont sauvé la vie, je pense.

— Ah! ah! duc, dit la comtesse en riant; entendez-vous, duc?

— Eh! vous m'avez sauvé la vie, à moi, monsieur le comte? fit Richelieu étonné.

— Oui, monseigneur, à Vienne, en 1725, lors de votre ambassade.

— En 1725! mais vous n'étiez pas né, mon cher monsieur.

Balsamo sourit.

— Il me semble que si, monsieur le duc, dit-il, puisque je vous ai rencontré mourant, ou plutôt mort sur une litière; vous veniez de recevoir un coup d'épée au beau travers de la poitrine, à telles enseignes que je vous ai versé sur la plaie trois gouttes de mon élixir..... Là, tenez, à l'endroit où vous chiffonnez votre point d'Alençon, un peu riche pour un intendant.

— Mais, interrompit le maréchal, vous avez trente à trente-cinq ans à peine, monsieur le comte.

— Allons donc, duc, s'écria la comtesse en riant aux éclats; vous voilà devant le sorcier, — y croyez-vous?

— Je suis stupéfait, comtesse. Mais

alors, continua le duc s'adressant de nouveau à Balsamo... Mais alors, vous vous appelez...

— Oh! nous autres sorciers, monsieur le duc, vous le savez, nous changeons de nom à toutes les générations..; et, en 1725, c'était la mode de noms en *us*, en *os* et en *as*, et il ne m'étonnerait pas quand à cette époque il m'aurait pris la fantaisie de troquer mon nom contre quelque nom grec ou latin. — Ceci posé. — Je suis à vos ordres, madame la comtesse, à vos ordres, monsieur le duc...

— Comte, nous venons vous consulter, le maréchal et moi.

— C'est beaucoup d'honneur que vous me faites, madame, surtout si c'est naturellement que cette idée vous est venue.

— Le plus naturellement du monde, comte; votre prédiction me court par la tête; seulement, je doute qu'elle se réalise.

— Ne doutez jamais de ce que dit la science, madame.

— Oh! oh! fit Richelieu, c'est que notre couronne est bien aventurée, comte... Il ne s'agit pas ici d'une blessure que l'on guérit avec trois gouttes d'élixir.

— Non, mais d'un ministre que l'on renverse avec trois paroles..., répliqua Balsamo. Eh bien! ai-je deviné? dites, voyons.

— Parfaitement, dit la comtesse toute tremblante. En vérité, duc, que dites-vous de tout cela!

— Oh! ne vous étonnez pas pour si peu, madame, dit Balsamo; qui voyant madame Dubarry et Richelieu inquiets, doit deviner pourquoi, sans sorcellerie.

— Aussi, ajouta le maréchal, vous adorerai-je si vous nous indiquez le remède.

— A la maladie qui vous travaille?

— Oui, nous avons le Choiseul.

— Et vous voudriez bien en être guéris?

— Oui, grand magicien, justement.

— Monsieur le comte vous ne nous laisserez pas dans l'embarras, dit la comtesse; il y va de votre honneur.

— Je suis tout prêt à vous servir de

mon mieux, madame; cependant, je voudrais savoir si monsieur le duc n'avait pas d'avance quelque idée arrêtée en venant ici.

— Je l'avoue, monsieur le comte. — Ma foi, c'est charmant d'avoir un sorcier que l'on peut appeler monsieur le comte : cela ne vous change pas vos habitudes.

Balsamo sourit.

— Voyons, reprit-il, soyez franc.

— Sur l'honneur, je ne demande pas mieux, dit le duc.

— Vous aviez quelque consultation à me demander.

— C'est vrai.

— Ah! sournois, dit la comtesse, il ne m'en parlait pas.

— Je ne pouvais dire cela qu'à M. le comte, et dans le creux le plus secret de l'oreille encore, répondit le maréchal.

— Pourquoi, duc?

— Parce que vous eussiez rougi, comtesse, jusqu'au blanc des yeux.

— Ah! par curiosité, dites, maréchal, j'ai du rouge, on n'en verra rien.

— Eh bien! dit Richelieu, voici ce à quoi j'ai pensé. Prenez garde, comtesse, je jette mon bonnet par-dessus les moulins.

— Jetez, duc, je vous le renverrai.

— Oh! c'est que vous m'allez battre tout-à-l'heure, si je dis ce que je veux dire.

— Vous n'êtes pas accoutumé à être battu, monsieur le duc, dit Balsamo au vieux maréchal, enchanté du compliment.

— Eh bien, donc, reprit-il, voici : n'en déplaise à madame, à Sa Majesté..., comment vais-je dire cela ?

— Qu'il est mortel de lenteurs, s'écria la comtesse.

— Vous le voulez donc ?

— Oui.

— Absolument ?

— Mais oui, cent fois oui.

— Alors, je me risque. C'est une chose triste à dire, monsieur le comte; mais Sa Majesté n'est plus amusable. Le mot n'est pas de moi, comtesse, il est de madame de Maintenon.

— Il n'y a rien là qui me blesse, duc, dit madame Dubarry.

— Tant mieux mille fois, alors je serai à mon aise. Eh bien! il faudrait que M. le comte, qui trouve de si précieux élixirs...

— En trouvât un, dit Balsamo, qui rendit au roi la faculté d'être amusé.

— Justement.

— Eh! monsieur le duc, c'est là un enfantillage, l'*a b c* du métier. Le premier charlatan trouvera un philtre.

— Dont la vertu, continua le duc, sera mise sur le compte du mérite de madame.

— Duc! s'écria la comtesse.

— Eh! je le savais bien que vous vous fâcheriez; mais c'est vous qui l'avez voulu.

— Monsieur le duc, répliqua Balsamo,

vous avez eu raison : voici madame la comtesse qui rougit. Mais tout-à-l'heure nous le disions, il ne s'agit pas de blessure ici, non plus que d'amour. Ce n'est pas avec un philtre que vous débarrasserez la France de M. de Choiseul. En effet, le roi aimât-il madame dix fois plus qu'il ne le fait, et c'est impossible, M. de Choiseul conserverait sur son esprit le prestige et l'influence que madame exerce sur le cœur.

— C'est vrai, dit le maréchal. Mais c'était notre seule ressource.

— Vous croyez ?

— Dame! trouvez-en une autre.

— Oh! je crois la chose facile.

— Facile, entendez-vous, comtesse; ces sorciers ne doutent de rien.

— Pourquoi douter, quand il s'agit tout simplement de prouver au roi que M. de Choiseul le trahit, — au point de vue du roi, bien entendu, car M. de Choiseul ne croit pas trahir en faisant ce qu'il fait.

— Et que fait-il?

— Vous le savez aussi bien que moi,

comtesse ; il soutient la révolte du parlement contre l'autorité royale.

— Certainement, mais il faudrait savoir par quel moyen.

— Par le moyen d'agents qui les encouragent, en leur promettant l'impunité.

— Quels sont ces agents ? Voilà ce qu'il faudrait savoir.

— Croyez-vous, par exemple, que madame de Grammont soit partie pour autre chose que pour exalter les chauds et échauffer les timides ?

— Certainement qu'elle n'est point partie pour autre chose, s'écria la comtesse.

— Oui ; mais le roi ne voit dans ce départ qu'un simple exil.

— C'est vrai.

— Comment lui prouver qu'il y a dans ce départ autre chose que ce qu'on veut y laisser voir ?

— En accusant madame de Grammont.

— Ah ! s'il ne s'agissait que d'accuser, comte, dit le maréchal.

— Il s'agit malheureusement de prouver l'accusation, dit la comtesse.

— Et si cette accusation était prouvée, bien prouvée, croyez-vous que M. de Choiseul resterait ministre?

— Assurément non! s'écria la comtesse.

— Il ne s'agit donc que de trouver une trahison de M. de Choiseul, poursuivit Balsamo avec assurance, et de la faire surgir claire, précise et palpable aux yeux de Sa Majesté.

— Le maréchal se renversa dans son auteuil en riant aux éclats.

— Il est charmant ! s'écria-t-il ; il ne doute de rien ! Trouver M. de Choiseul en flagrant délit de trahison... voilà tout... pas davantage !

Balsamo demeura impassible et attendit que l'accès d'hilarité du maréchal fut bien passé.

— Voyons, dit alors Balsamo, parlons sérieusement et récapitulons.

— Soit.

— M. de Choiseul n'est-il pas soupçonné de soutenir la rebellion du parlement ?

— C'est convenu, mais la preuve?

— M. de Choiseul ne passe-t-il pas, continua Balsamo, pour ménager une guerre avec l'Angleterre, afin de se conserver un rôle d'homme indispensable?

— On le croit, mais la preuve?...

— Enfin, M. de Choiseul n'est-il pas l'ennemi déclaré de madame la comtesse que voici, et ne cherche-t-il pas par tous les moyens possibles à la renverser du trône que je lui ai promis?

— Ah! pour cela c'est bien vrai, dit la

comtesse; mais encore faudrait-il le prouver... Oh! si je le pouvais!

— Que faut-il pour cela? une misère.

Le maréchal se mit à souffler sur ses ongles.

— Oui, une misère, dit-il ironiquement.

— Une lettre confidentielle, par exemple, dit Balsamo.

— Voilà tout..., peu de chose.

— Une lettre de madame de Grammont, n'est-ce pas, monsieur le maréchal? continua le comte.

— Sorcier, mon bon sorcier, trouvez-en donc une, s'écria madame Dubarry. Voilà cinq ans que j'y tâche, moi; j'y ai dépensé cent mille livres par an, et je ne l'ai jamais pu.

— Parce que vous ne vous êtes pas adressée à moi, madame, dit Balsamo.

— Comment cela? fit la comtesse.

— Sans doute, si vous vous fussiez adressée à moi...

— Eh bien ?

— Je vous eusse tirée d'embarras.

— Vous ?

— Oui, moi.

— Comte, est-il trop tard ?

Le comte sourit.

— Jamais.

— Oh ! mon cher comte, dit madame Dubarry en joignant les mains.

— Donc, vous voulez une lettre ?

— Oui.

— De madame de Grammont ?

— Si c'est possible.

— Qui compromette M. de Choiseul sur les trois points que j'ai dit...

— C'est-à-dire que je donnerais... un de mes yeux pour la voir.

— Oh ! comtesse, ce serait trop cher ; d'autant plus que cette lettre...

— Cette lettre ?

— Je vous la donnerai pour rien, moi.

Et Balsamo tira de sa poche un papier plié en quatre.

— Qu'est cela ? demanda la comtesse, dévorant le papier des yeux.

— Oui, qu'est cela ? interrogea le duc.

— La lettre que vous désirez.

Et le comte, au milieu du plus profond silence, lut aux deux auditeurs émerveillés la lettre que nos lecteurs connaissent déjà.

Au fur et à mesure qu'il lisait, la comtesse ouvrait de grands yeux et commençait à perdre contenance.

— C'est une calomnie, diable, murmura Richelieu, prenons garde, quand Balsamo eut achevé.

— C'est, monsieur le duc, la copie pure, simple et littérale, d'une lettre de madame la duchesse de Grammont, qu'un courrier expédié ce matin de Rouen est en train de porter à M. le duc de Choiseul, à Versailles.

— Oh! mon Dieu! s'écria le maréchal, dites-vous vrai, monsieur Balsamo?

— Je dis toujours vrai, monsieur le maréchal.

— La duchesse aurait écrit une semblable lettre?

— Oui, monsieur le maréchal.

— Elle aurait eu cette imprudence?

— C'est incroyable, je l'avoue; mais cela est.

Le vieux duc regarda la comtesse, qui

n'avait plus la force d'articuler un seul mot.

— Eh bien, dit-elle enfin, je suis comme le duc, j'ai peine à croire, pardonnez-moi, monsieur le comte, que madame de Grammont, une femme de tête, ait compromis toute sa position et celle de son frère par une lettre de cette force... D'ailleurs..., pour connaître une semblable lettre, il faut l'avoir lue.

— Et puis, se hâta de dire le maréchal, si M. le comte avait lu cette lettre, il l'aurait gardée : c'est un trésor précieux.

Balsamo secoua doucement la tête.

— Oh! monsieur, dit-il, ce moyen est bon pour ceux qui décachètent les lettres afin de connaître des secrets..., et non pour ceux qui, comme moi, lisent à travers les enveloppes... Fi donc!... Quel intérêt, d'ailleurs, aurais-je, moi, à perdre M. de Choiseul et madame de Grammont? Vous venez me consulter... en amis, je suppose; je vous réponds de même. Vous désirez que je vous rende un service, je vous le rends. Vous ne venez pas, j'imagine, me proposer le prix de ma consultation comme aux devineurs du quai de la Ferraille?

— Oh! comte, fit madame Dubarry.

— Eh bien! je vous donne un conseil et vous ne me paraissez pas le comprendre. Vous m'annoncez le désir de renverser M. de Choiseul, et vous en cherchez les moyens; je vous en cite un, vous l'approuvez, je vous le mets en main, vous n'y croyez pas!

— C'est que..., c'est que..., comte, écoutez donc...

— La lettre existe, vous dis-je, puisque j'en ai la copie.

— Mais enfin, qui vous a averti, monsieur le comte? s'écria Richelieu.

— Ah! voilà le grand mot..., qui m'a averti? En une minute, vous voulez en savoir aussi long que moi, le travailleur, le savant, l'adepte, qui ai vécu trois mille sept cents années.

— Oh! oh! dit Richelieu avec découragement, vous allez me gâter la bonne opinion que j'avais de vous, comte.

— Je ne vous prie pas de me croire, monsieur le duc, et ce n'est pas moi qui ai été vous chercher à la chasse du roi.

— Duc, il a raison, dit la comtesse ; monsieur de Balsamo, je vous en supplie, pas d'impatience.

— Jamais celui qui a le temps ne s'impatiente, madame.

— Soyez assez bon..... Joignez cette faveur à toutes celles que vous m'avez faites, pour me dire comment vous avez la révélation de pareils secrets ?

— Je n'hésiterai pas, madame, dit Balsamo, aussi lentement que s'il cherchait mot à mot sa réponse, cette révélation m'est faite par une voix.

— Par une voix! s'écrièrent ensemble le duc et la comtesse, une voix qui vous dit tout?

— Tout ce que je désire savoir, oui.

— C'est une voix qui vous a dit ce que madame de Grammont avait écrit à son frère?

— Je vous affirme, madame, que c'est une voix qui me l'a dit.

— C'est miraculeux!

— Mais, vous n'y croyez pas?

— Eh bien, non, comte, dit le duc ; comment voulez-vous donc que l'on croie à de pareilles choses ?

— Mais, y croiriez-vous, si je vous disais ce que fait à cette heure le courrier qui porte la lettre de M. de Choiseul ?

— Dame ! répliqua la comtesse.

— Moi, s'écria le duc, j'y croirais si j'entendais la voix... Mais messieurs les nécromanciens ou les magiciens ont ce privilége que seuls ils voient et entendent le surnaturel.

Balsamo attacha les yeux sur M. de
Richelieu avec une expression singulière, qui fit passer un frisson dans les
veines de la comtesse et détermina chez
le sceptique égoïste qu'on appelait le
duc de Richelieu, un léger froid à la
nuque et au cœur.

— Oui, dit-il après un long silence,
seul je vois et j'entends les objets et les
êtres surnaturels; mais, quand je me
trouve avec des gens de votre rang, de
votre esprit, duc, et de votre beauté,
comtesse, j'ouvre mes trésors et je partage... Vous plairait-il beaucoup entendre la voix mystérieuse qui m'avertit?

— Oui, dit le duc en serrant les poings pour ne pas trembler.

— Oui, balbutia la comtesse en tremblant.

— Eh bien! monsieur le duc, eh bien! madame la comtesse, vous allez entendre. Quelle langue voulez-vous qu'elle parle?

— Le français, s'il vous plaît, dit la comtesse... Je n'en sais pas d'autres, et une autre me ferait trop peur.

— Et vous, monsieur le duc?

Comme madame..., le français. Je tiens à répéter ce qu'aura dit le diable, et à voir s'il est bien élevé et s'il parle correctement la langue de mon ami M. de Voltaire.

Balsamo, la tête penchée sur sa poitrine, marcha vers la porte qui donnait dans le petit salon, lequel ouvrait, on le sait, sur l'escalier.

— Permettez, dit-il, que je vous enferme, afin de ne pas trop vous exposer.

La comtesse pâlit et se rapprocha du duc, dont elle prit le bras.

Balsamo touchant presqu'à la porte de l'escalier, allongea le pas vers le point de la maison où se trouvait Lorenza, et, en langue arabe, il prononça d'une voix éclatante ces mots, que nous traduirons en langue vulgaire.

— Mon amie!... m'entendez-vous?.. Si vous m'entendez, tirez le cordon de la sonnette et sonnez deux fois.

Balsamo attendit l'effet de ces paroles en regardant le duc et la comtesse, qui ouvraient d'autant plus les oreilles et les yeux qu'ils ne pouvaient comprendre ce que disait le comte.

La sonnette vibra nettement à deux reprises.

La comtesse bondit sur son sofa, le duc s'essuya le front avec son mouchoir.

— Puisque vous m'entendez, poursuivit Balsamo dans le même idiome, poussez le bouton de marbre qui figure l'œil droit du lion sur la sculpture de la cheminée, la plaque s'ouvrira ; passez par cette plaque, traversez ma chambre, descendez l'escalier, et venez jusque dans la chambre attenante à celle où je suis.

Un moment après, un bruit léger comme un souffle insaisissable, comme un vol de fantôme, avertit Balsamo que ses ordres avaient été compris et exécutés.

— Quelle est cette langue, dit Richelieu, jouant l'assurance, la langue cabalistique?

— Oui, monsieur le duc, le dialecte usité pour l'évocation.

— Vous avez dit que nous comprendrions?

— Ce que dirait la voix, oui; mais non pas ce que je dirais, moi.

— Et le diable est venu?

— Qui vous a parlé du diable, monsieur le duc?

— Mais il me semble qu'on n'évoque que le diable.

— Tout ce qui est esprit supérieur, être surnaturel, peut s'évoquer.

— Et l'esprit supérieur, l'être surnaturel....

Balsamo étendit la main vers la tapisserie qui fermait la porte de la chambre voisine.

— Est en communication directe avec moi, Monseigneur.

— J'ai peur, dit la comtesse; et vous, duc?

— Ma foi, comtesse, je vous avoue que j'aimerais presque autant être à Mahon ou à Philipsbourg.

— Madame la comtesse, et vous, monsieur le duc, veuillez écouter, puisque vous voulez entendre, dit sévèrement Balsamo.

Et il se tourna vers la porte.

FIN DU TOME DIXIÈME.

TABLE DES MATIÈRES.

I. L'apologue. 1
II. Le pis-aller de sa Majesté Louis XV. 57
III. Comment le roi Louis XV travaillait avec son ministre. 93
IV. Le petit Trianon. 125
V. La conspiration se renoue. 151
VI. La chasse au sorcier. 187
VII. Le courrier. 257
VIII. Évocation. 267

Sceaux. — Imprimerie de E. Dépée.

SOUS PRESSE.

LES CHEVALIERS DU LANSQUENET,

Par le Marquis de FOUDRAS.

Cet ouvrage ne paraîtra pas en feuilletons.

LES BELLES DE NUIT,

Par Paul FÉVAL.

LORD ALGERNON,

Par le Marquis de FOUDRAS.

LA CHASSE AUX DIAMANTS,

Par A. DE GONDRECOURT.

UN AMI DIABOLIQUE,

Par A. DE GONDRECOURT.

Corbeil, imprimerie de CRÉTÉ.

www.ingramcontent.com/pod-product-compliance
Lightning Source LLC
Chambersburg PA
CBHW060419170426
43199CB00013B/2207